DCG 8

SYSTÈME D'INFORMATION DE GESTION

DCG 8

SYSTÈME D'INFORMATION DE GESTION

FICHES DE RÉVISION

Oona Hudin-Hengoat
Agrégée d'économie et gestion
Professeur en classes préparatoires à l'expertise comptable

Nathalie Le Gallo
Agrégée d'économie et gestion
Professeur en IUT GEA, DCG, DSCG et master CCA

Sylvie Vidalenc
Agrégée d'économie et gestion
Professeur en classes préparatoires à l'expertise comptable

DUNOD
leader de l'expertise comptable

Crédits iconographiques :
p. 13, de gauche à droite : © to do list by Eugene Ghanizadeh Khoub from the Noun Project ; © loudspeaker by riyanto from the Noun Project ; © fast response cycle by Silviu Ojog from the Noun Project ; © Check by Kimmi Studio from the Noun Project ; © Target by Vectors Point from the Noun Project.

Maquette de couverture : Hokus Pokus
Maquette intérieure : Yves Tremblay

11 rue Paul Bert, 92240 Malakoff
www.dunod.com
ISBN 978-2-10-080061-2

Sommaire

Avant-propos

Bienvenue dans l'univers des fiches de révision Expert Sup !

Retrouvez l'essentiel du programme en **cinq mots-clés**.

1 Mobiles

Les fiches sont détachables ! Elles permettent donc de réviser en toutes circonstances pour des usages variés : glissées dans le manuel, en complément du cours, à emporter partout pour optimiser votre temps (dans les transports, entre deux cours…), etc.

#Détachable #Pratique #Utile #Nomade

2 Simples

La structure des fiches est basique et claire. Chaque fiche comporte des titres et rubriques aisément repérables, des mots-clés, des notions essentielles surlignées.

#Clair #Concis #Efficace #PrêtÀRéviser

3 Visuelles

Les fiches détachables Dunod reprennent l'essentiel du cours comme vous auriez pu le faire. Les informations les plus importantes ont été sélectionnées et mises en avant dans les rubriques ou surlignées dans le texte.

Des schémas, tableaux et autres synthèses facilitent la mémorisation du cours.

#Synthétique #Visuel #Structuré

4 Ergonomiques

La navigation d'une fiche à l'autre est aisée : les nombreux renvois vous guident et vous permettent de progresser à votre rythme tout en liant les notions du programme. La lecture n'est donc pas nécessairement linéaire.

#Souple #Complémentaire

5 Fidèles au programme

100 % conformes au nouveau programme applicable dès la rentrée 2019 (session d'examens 2020), les fiches couvrent toutes les notions incontournables. À la fin de chaque fiche, la rubrique « Le + de l'expert » vous offre de précieux conseils pour faire la différence lors de l'épreuve.

#Fiable #RéussiteAssurée

1 L'analyse de la qualité d'une information

Mots-clés

Informations • Qualité • Traitement

1 L'information au cœur des problématiques organisationnelles

Définition

L'**information** est un fait, un renseignement, une connaissance ou une donnée propre à un contexte.

L'information est inhérente à toute organisation. Toute décision, action ou mission donne lieu à l'exploitation d'informations. L'information contribue à la qualité d'une prise de décision. L'analyse de la **qualité** de l'information permet d'en améliorer l'utilité et la performance.

▸ **Exemple**

L'acquisition d'un matériel industriel, le traitement des commandes, la livraison d'articles, l'établissement de documents fiscaux ou encore la conservation des contrats de travail reposent sur l'exploitation d'informations. ◂

A. Les traitements réalisés

Les **traitements** de l'information les plus courants sont la collecte, la modification, la création, la diffusion, la suppression, l'archivage, la conservation, la duplication et la consultation.

B. Les critères de qualité

Une information est dite de qualité si elle est :

- porteuse de sens, de signification ;
- comprise par celui qui l'exploite ;
- disponible au bon moment ;
- conforme à la loi informatique et liberté ;
- obtenue auprès de sources fiables ;
- actualisée et mise à jour ;
- créée en interne par des personnels compétents
- utile face à un besoin précis ;
- appropriée pour une prise de décision ;
- claire et non équivoque ;
- facile à utiliser et à exploiter ;
- authentique et reflétant la réalité ;
- stockable ;
- aisément communicable si besoin ;
- en cohérence avec le contexte ;
- créée par un prestataire ;
- pertinente ;
- rentable ;
- facile d'accès ;
- objective ;
- non redondante ;
- originale (non existante) ;
- non excessive ;
- vérifiable.

2 Les rôles de l'information

L'information est cruciale pour toute organisation. La qualité d'une décision est tributaire de la qualité de l'information sur laquelle elle repose.

Multiples fonctions de l'information

Source des décisions	• En phase amont (préparation de la décision, documentation…) ou en cours de négociation pour confirmer/infirmer une hypothèse, une piste, saisir une opportunité… • Aussi bien pour des décisions stratégiques, que tactiques ou opérationnelles.
Outil de communication	• Contexte interne ou externe à l'entreprise. • Rôles-clés de la transmission, divulgation, explication, accompagnement, du partage et des retours d'expérience.
Terreau du travail collectif et collaboratif	• Toute mission commencée par un collaborateur est poursuivie par un autre et finalisée par un troisième : l'information est véhiculée par le système d'information (↪ fiche 3). • Outil de travail collaboratif et d'intelligence collective.

3 L'évaluation et l'amélioration de la qualité de l'information

L'évaluation de la qualité d'une information suit quatre étapes.

Phases de validation d'une information

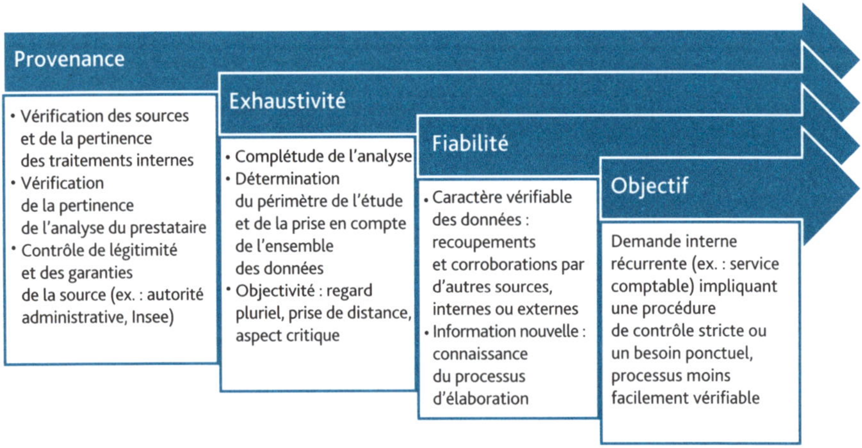

A. La nature et les sources de l'information

La qualité de l'information est liée à sa typologie.

Types d'informations

Information qualitative	Information quantitative
• Données descriptives • Images • Ex. : compte-rendu d'une réunion	• Données chiffrées • Information statistique • Ex. : nombre de clients de l'entreprise

Forme et qualité de l'information

Information écrite	Information visuelle	Information sonore	Information audiovisuelle
Lettre, compte rendu, tableau de données, entretien, bon de commande, charte informatique…	Graphique, vidéo, photo, schéma, diaporama, écran, panneau d'information…	Alarme incendie du local informatique, bip de dysfonctionnement d'une fonctionnalité logicielle…	Mode opératoire d'un logiciel, réunion Skype, clip vidéo…

Parmi les sources d'information, on distingue essentiellement :

- Les sources formelles obtenues par des personnes ou services habilités à cette mission. La qualité est censée être vérifiée. La source confère de la légitimité à l'information.
- Les sources informelles provenant de communication entre individus, sans réel système de vérification et pouvant comporter des biais.

B. L'amélioration de la qualité de l'information

Plusieurs actions peuvent contribuer à l'amélioration de la qualité de l'information :

- mettre en place des processus de construction de l'information ;
- vérifier la véracité et la pertinence des données issues du PGI et du SI (↪ fiche 19) ;
- confier à des référents internes le contrôle et le suivi de la qualité.

LE + DE L'EXPERT

Trop d'informations ou des informations de mauvaise qualité nuisent à la prise de décision.

2 Les procédures de contrôle de l'information

Mots-clés

Contrôle de la qualité • Procédure

Définition

Une **procédure** désigne un ensemble d'actions conduisant à un objectif (ici, la qualité de l'information).

Une série de formalités et d'actions doit être respectée afin d'atteindre la qualité attendue.

Étapes types d'une procédure de contrôle

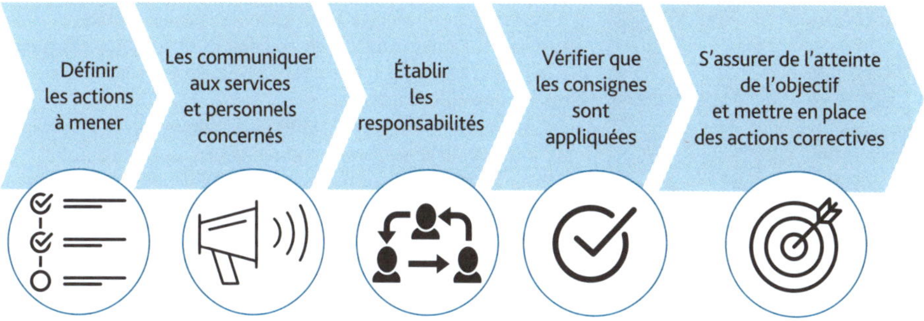

1 L'identification des procédures de contrôle

Une procédure de contrôle de la qualité de l'information se décline en trois activités.

A. Activité 1. Identifier l'émetteur et le destinataire des données

Gestion des droits d'accès au SI afin de déterminer qui peut collecter, modifier, créer et supprimer des données	Le dirigeant de l'organisation doit déterminer les droits à agir sur le SI pour les personnels, en cohérence avec leur fiche de poste. L'administrateur réseau applique ces droits en les installant sur le réseau, les différents logiciels, les fonctionnalités des applications, les dossiers clients, etc. Des groupes d'utilisateurs peuvent être créés lorsque les droits sont homogènes de l'un à l'autre.

Exemple

Droits sur un dossier client	Créer	Supprimer	Modifier	Consulter
Administrateur	✓	✓	✓	✓
Responsable comptable	✓	✓	✓	✓
Comptable niveau 1	✓	X	✓	✓
Comptable niveau 2	X	X	✓	✓
Commercial	X	X	X	✓

Mise à jour planifiée de la gestion des droits d'accès (départ des utilisateurs, changement de poste de travail, embauche, etc.)

Exemples

- Olivier Jarno a été licencié pour faute grave à compter du 1er avril N : l'administrateur réseau doit mettre à jour ses droits d'accès sur le réseau dès le 1er avril N.
- Charlie Iglésias vient d'avoir une promotion ce 4 avril N. Il est désormais responsable comptable et non comptable de niveau 1 : l'administrateur réseau doit mettre à jour ses droits sur le réseau afin que Charlie Iglésias puisse agir en cohérence avec ses nouvelles fonctions.
- Hugo Muñoz a été recruté en tant que stagiaire DCG à compter du 8 juin N pour 8 semaines : l'administrateur réseau doit lui octroyer les droits lui permettent de travailler sur les missions qui lui ont été confiées. Ses droits devront être supprimés au bout des 8 semaines.
- Lucas Bénédit a été muté à Lyon dans la nouvelle succursale : ses droits devront être adaptés à la nouvelle localisation de son activité.

Utilisation de la signature électronique et du chiffrement pour la circulation des documents entre émetteur et destinataire

Exemples

- Elsa Lacrampe, expert-comptable au cabinet CLG à Paris, envoie un dossier de conseil stratégique et financier à sa cliente, Mélina Del Rio, dirigeante de l'entreprise Les oiseaux en vogue. Les données sont communiquées de façon sécurisée afin de vérifier que ce dossier émane bien d'Elsa Lacrampe et que les données ne seront pas lues par d'autres destinataires que Mélina Del Rio.
- Colas Wilson, collaborateur comptable dans le cabinet CLG, envoie la déclaration de TVA sur une plateforme sécurisée qui la transmettra au centre des impôts. Les données ainsi transmises sont véhiculées sans altération de leur contenu, garantissant ainsi la qualité et la confidentialité des informations.

B. Activité 2. Fiabiliser le contenu des informations

Prévention... Diagnostic... Protection...

Actions sur le SI visant à limiter les failles susceptibles d'impacter la qualité des données

Les contenus des informations créées et exploitées sur le SI doivent être élaborés dans un contexte fiable. Pour accentuer cette fiabilité et limiter les risques d'altération des informations, certaines actions doivent être menées améliorant ainsi la qualité des informations :

Actions /Impacts sur la qualité de l'information (curseur du – au +)	1	2	3	4	5
Limiter les ressaisies (logiciels non interopérables)					■
Limiter la longueur des champs de saisie		■			
Prévoir des dates d'expiration des saisies		■			
Éviter l'effacement accidentel de données				■	
Former les utilisateurs aux logiciels, PGI					■
Automatiser les traitements au maximum				■	
Assurer les mises à jour des logiciels					■
Minimiser les interventions humaines pour éviter les erreurs					■
Séparer certaines missions : exécuter, contrôler				■	
Favoriser la dématérialisation et intégration des données					■
Mettre en place des interfaces automatisées entre logiciels		■			

C. Activité 3. Mettre en place des bonnes pratiques en lien avec la qualité de l'information

Il s'agit essentiellement :

- de mettre en place une certification ISO 9001 (management de la qualité) ;
- d'utiliser des protocoles « https » garantissant la sécurité des sites partenaires ;
- de recourir à des modèles de bonnes pratiques comme CobiT ;
- de s'inspirer des pratiques sectorielles d'organisations de taille similaire.

2 La mise en œuvre des procédures

Le **contrôle de la qualité** se déroule selon six étapes :

- Prévoir un calendrier de diagnostic du SI (↪ fiche 9).
- Organiser et repérer les contenus d'un audit interne du SI (↪ fiche 41).
- Identifier les personnels chargés de fiabiliser les informations et réaliser les audits.
- Effectuer un compte rendu d'audit interne et le communiquer aux équipes.
- Réparer les failles détectées et impactant la qualité des informations.
- Prévoir un réajustement des pratiques et procédures pour amoindrir les failles ultérieures.

LE + DE L'EXPERT

Une politique qualité est une volonté affichée d'engager l'organisation dans une réelle démarche qualité. Les informations et le SI ne doivent pas y échapper.

3 Le rôle du SI dans une organisation

Mots-clés

Alignement stratégique • Mission • Rôle opérationnel • Système d'information

Définition

Un **système d'information** (SI) est un ensemble structuré de ressources matérielles, logicielles, humaines et organisationnelles.

Toutes les organisations sont informatisées puisqu'elles s'appuient sur des modalités numériques pour fonctionner et prendre des décisions, tant dans leur cœur de métier que dans les domaines comptable et financier.

1 Le SI, épine dorsale d'une organisation

Le système d'information est l'épine dorsale de toute organisation. Pratiquement toutes les **missions** s'appuient sur un SI qui se doit d'être disponible et apte à répondre aux besoins.

Fonctions majeures du SI

	Contenus	Illustrations : SI d'un éditeur
Collecter des données	• Le SI n'est d'aucune utilité s'il n'est pas alimenté en données • Données issues de l'extérieur (clients), de l'intérieur (création d'une facture) ou d'institutions (État)	Avec plus de 33 000 professionnels présents au Salon du livre de Paris, le stand d'un éditeur est en capacité de collecter des données : coordonnées des distributeurs, médiathèques, librairies,…
Stocker des données	• Traitements successifs des données collectées et produites nécessitant à chaque étape un stockage (devis stocké avant de générer un bon de commande) • Sauvegarde des données (base de données des clients) • Archivage des données (contrats de travail des salariés, contrat du prestataire informatique)	Les contacts pris par l'éditeur sont conservés et stockés dans une base de données. La médiathèque de Nantes, à l'issue de sa visite sur le stand de l'éditeur, déclenche une commande. Les documents commerciaux et comptables : devis, bon de commande, bon de livraison, facture… font l'objet d'un stockage d'informations lors de chacune de ces étapes.

	Contenus		Illustrations : SI d'un éditeur
Traiter des données	• Transformation des données pour atteindre les objectifs (ex. : bon de commande d'un client devant faire l'objet d'un bon de livraison, d'une facture, d'un enregistrement dans le logiciel comptable) • Génération (création) de chaque information par une autre	➡	La commande de la médiathèque de Nantes déclenche des traitements : calcul de la remise de 2 % en raison des quantités commandées réalisation de la facture de doit, traitement logistique de la livraison, suivi de la livraison-réception, suivi du règlement client… chaque étape fait l'objet d'un traitement de l'information.
Communiquer, diffuser et mettre à disposition les données	• Valeur réelle de toute information (stockée ou produite) si elle parvient au bon destinataire au bon moment • Communication et transmission des données sécurisées	➡	Les données commerciales du bon de commande émis à destination de l'éditeur se déversent dans la facture qui à son tour se déverse dans le logiciel comptable au sein du journal, du grand-livre, de la balance, des documents de synthèse…

Toutes les actions menées sur le SI reflètent son rôle central pour l'organisation. La survie et le développement de cette dernière en dépendent.

2 Le rôle opérationnel du système d'information

Le **rôle opérationnel** du SI tient à la variété des missions auxquelles il répond.

▶ Exemple

Actions de sécurisation des échanges	La SARL Del Rio est un traiteur de spécialités espagnoles qui distribue ses compositions culinaires (tapas et pinchos). Sa clientèle est composée exclusivement de restaurateurs. Le local administratif est localisé à Marseille où 40 personnes travaillent sur des missions commerciales, financières et informatiques. Huit ateliers de productions culinaires sont répartis dans des communes du sud de la France. Le réseau comporte au total 88 ordinateurs, 15 imprimantes et 10 serveurs. Des câblages, des connexions internet et divers équipements de transmission permettent d'interconnecter le local administratif et les ateliers. Les échanges entre les établissements sont sécurisés, le centre administratif fournit aux ateliers les données relatives aux commandes clients et aux approvisionnements. Les commerciaux en visite sur les salons professionnels et les prospects sont en permanence connectés au réseau pour y consulter les tarifs catalogue et mettre à jour la base clients. Le partage des applications, PGI et bases de données permet à l'ensemble des établissements de disposer des informations de qualité nécessaires à son activité.
Installation du câblage	
Fourniture de services SI	
Interconnexions entre entités	
Mise en place d'un SI nomade pour se déplacer en clientèle	
Partage des applicatifs et des données	
Mise en place d'un processus de résolution de problèmes	
Transferts informatisés de données et dématérialisation	

3 Le rôle stratégique du système d'information

Le système d'information doit être capable d'un **alignement stratégique** : il est en phase avec la stratégie globale de l'organisation.

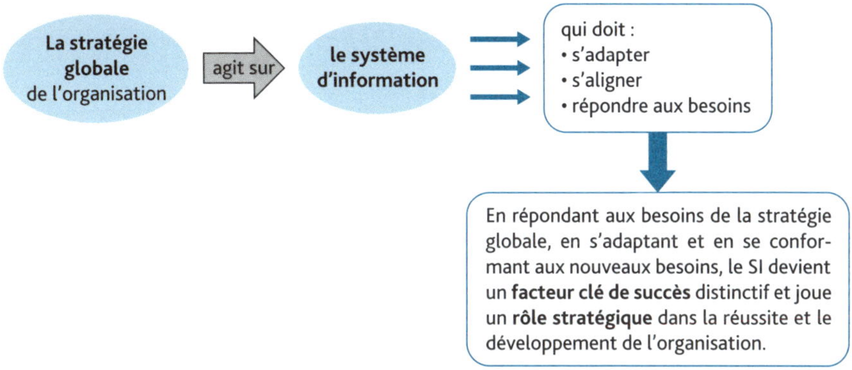

▶ Exemple

La SARL Del Rio, domicilié à Marseille, crée une filiale à Barcelone. Cette décision stratégique appelle une adaptation du SI qui doit permettre l'interconnexion de tous les établissements français et espagnols. Les logiciels et bases de données sont partagés par l'ensemble des acteurs. La stratégie d'internationalisation de la SARL Del Rio impacte le SI qui doit intégrer les nouveaux besoins (effectifs, gestion des nouveaux postes, évolution des pratiques de connexion, sécurisation des échanges, etc.). ◀

LE + DE L'EXPERT

N'oubliez pas que le système d'information est l'épine dorsale de toute organisation et le garant de sa performance globale.

4 Les composantes du SI et leur rôle

Mots-clés

Composante • Niveau • Sous-système

Les activités, les traitements et les données d'une organisation reposent sur trois **composantes**.

Composantes du SI

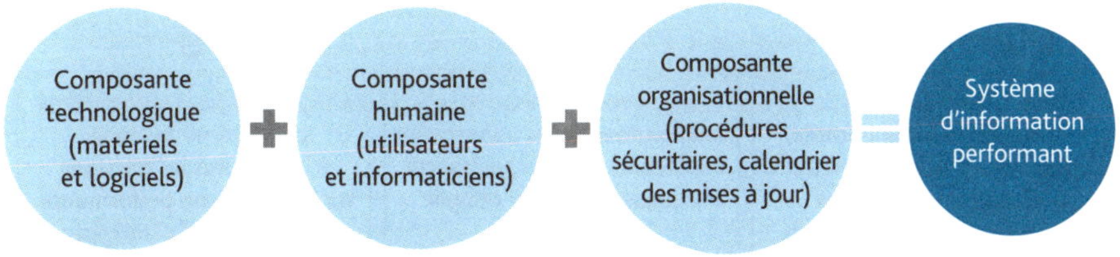

▸ Exemple

L'entreprise Ice'Adventure conçoit et fabrique des accessoires d'escalade et de trekking dédiés à la haute montagne. 27 salariés travaillent dans l'entreprise dont 22 ouvriers dans les ateliers. Le bureau d'études réalise des plans des matériels innovants et des prototypes afin d'effectuer des tests de robustesse et propose des améliorations. Le service administratif assure les missions commerciales, comptables et financières. Deux ateliers réalisent les productions.

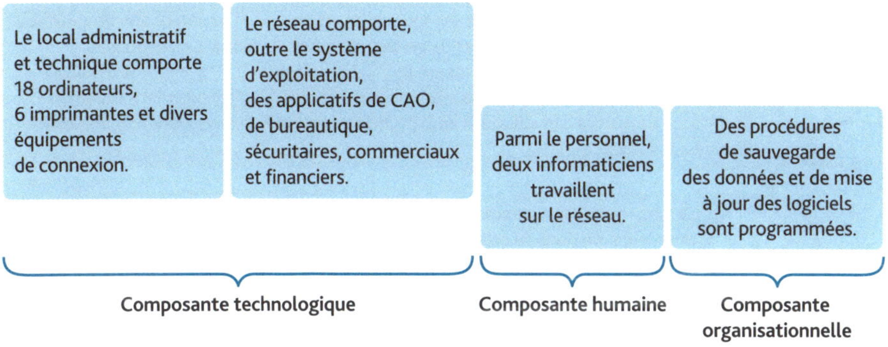

1 Le rôle de chaque composante

Chacune des **composantes** joue un rôle spécifique au sein du système d'information. Chacune d'entre elles est en interaction avec les autres pour un fonctionnement performant du SI.

5 Les acteurs du SI et leurs responsabilités

Mots-clés

Besoin • Compétence • Intelligence collective • Responsabilité • Ressource humaine • Rôle • Travail collaboratif

1 Les rôles et responsabilités des acteurs du SI

Le SI est piloté et assuré par des ressources humaines dont c'est la mission.

Ces **ressources humaines** sont les acteurs du SI qui se voient attribuer :

- Un **rôle**. Il définit les actions concrètes qui doivent être menées par chaque acteur.
- Une **responsabilité**. Elle reflète les attentes de l'organisation dans le fonctionnement global du SI.

Du DSI à l'utilisateur : des rôles et responsabilités partagés

	Rôles	Responsabilités
Directeur des SI	• Définir le pilotage du SI • Faire coïncider le SI avec la stratégie • Contrôler l'exécution des missions SI • Diffuser les potentialités du SI • Planifier les actions à mener	• Mise en œuvre la gouvernance SI • Compte rendu de la cohérence globale du SI • Optimisation des ressources financières du SI • Application de la règlementation (données à caractère personnel)
Gestionnaires des SI	• Assurer la disponibilité du SI • Vérifier l'accessibilité aux bases de données • S'assurer du bon fonctionnement du SI	• Identification des besoins des utilisateurs • Garantie des maintenances logicielles et matérielles
Directeur de la sécurité	• Mettre en œuvre les mesures sécuritaires • Actualiser la charte informatique • Résoudre les incidents sur le SI	• Veille informationnelle technologique et applicative en lien avec la sécurité • Expertises liées aux normes sécuritaires
Chef de projet	• Conduire le projet • Animer l'équipe projet • Vérifier l'avancement du projet	• Contrôle de la conformité entre l'attendu et le réalisé • Planification du projet
Développeurs d'applications	• Réaliser les applications sur mesure et les interfaces entre logiciels • Concevoir les modes opératoires des logiciels pour les utilisateurs	• Identification des besoins applicatifs • Réalisation d'une cartographie applicative • Conformité des applications conçues avec le cahier des charges

Responsable des infrastructures informatiques	Vérifier la mise en œuvre et les mises à jour des infrastructures informatiques	Planification des besoins en matériel (ordinateurs, serveurs, câblages, etc.)
Utilisateur de progiciels et applications	• Maîtriser les usages • Se former ou solliciter des formations • Faire remonter les améliorations à déclencher	• Respect des consignes d'utilisation des applications en cohérence avec les droits d'accès • Respect des consignes sécuritaires

2 Les compétences à mettre à jour auprès des utilisateurs SI

Les **compétences** en matière de SI doivent faire l'objet d'une vigilance perpétuelle afin d'être en phase avec les **besoins** de l'organisation et les innovations technologiques.

A. Un processus d'amélioration continue

La mise à jour des compétences est opérée selon plusieurs phases.

Étapes de mise à jour des compétences

De nouveaux besoins sont identifiés

- Le portefeuille d'activités de l'entreprise peut évoluer
- Les niveaux de recrutement (diplômes) des utilisateurs sont variés
- Des embauches ont eu lieu
- De nouveaux logiciels ont été installés
- De nouvelles méthodes de gestion du SI sont apparues (ex. : auparavant, un prestataire extérieur, missions aujourd'hui internalisées)
- Un changement dans la façon de piloter le SI (ex. : un siège social, un nouveau périmètre) est intervenu

Des formations doivent être planifiées

- Une planification de ces évolutions de compétences doit être réalisée
- Des accords avec la direction générale doivent être conclus
- Des financements permettant d'assurer les formations doivent être trouvés
- Des organismes ou acteurs du SI doivent être choisis afin d'assurer lesdites formations
- Les utilisateurs à former doivent être identifiés

Les compétences sont mises à jour

- Les formations doivent être organisées afin de libérer les acteurs et utilisateurs du SI
- Un suivi des utilisateurs ayant mis à jour leurs compétences doit être activé
- Une enquête de satisfaction post-formation doit être mise en place
- Une mise à jour de la base des compétences et certifications (ou diplômes) doit être déclenchée

B. Le travail collaboratif et l'intelligence collective

Le fonctionnement des organisations repose sur des missions complémentaires entre les utilisateurs. L'ensemble des acteurs doivent être concernés par ces réflexions sur les compétences. C'est la seule façon de profiter des avantages d'un **travail collaboratif** et de l'**intelligence collective**. Ainsi les processus débutés par certains sont poursuivis par d'autres dans une parfaite continuité des potentialités du SI. La complémentarité des utilisateurs fonctionne à plein si les compétences sont homogènes et en phase avec les besoins.

▸ Exemple

Créée il y a 10 ans dans le domaine des moteurs de satellites, l'entreprise Sat&Space emploie 55 personnes. Les ingénieurs de la société sont certes issus de formations hautement technologiques, mais tous les acteurs – qu'ils soient administratifs, financiers et commerciaux –, participent à la réussite de Sat&Space. Le dirigeant veille à ce que toute nouvelle recrue suive une formation sur les logiciels exploités en interne. Lorsque le nouveau PGI a été implanté l'année dernière, tous les utilisateurs se sont vus proposer une formation en cohérence avec leurs missions. Par ailleurs, un suivi des formations demandées, réalisées ou en cours de réalisation est soigneusement établi par le DRH afin de veiller à ce que les potentialités du SI soient optimisées. ◂

LE + DE L'EXPERT

Veillez à un pilotage pertinent des SI au regard des besoins de l'organisation. N'oubliez pas que les compétences des utilisateurs et acteurs du SI sont au cœur de la performance globale.

6 L'espace numérique de travail (ENT)

Mots-clés

Espace numérique de travail • Intelligence collective • Service intégré et connecté • Travail collaboratif

1 L'espace numérique de travail (ENT)

Définition

Un **espace numérique de travail** (ENT ou portail de services) désigne un dispositif global d'offres de services numériques à la disposition des acteurs d'une organisation.

L'ENT doit être accessible à tous les utilisateurs de l'organisation afin qu'ils y trouvent les ressources inhérentes à l'exécution de leurs missions. C'est un puissant levier de **travail collaboratif** et d'**intelligence collective**.

A. Les contenus de l'ENT

Le développement des potentiels des ENT au sein des organisations doit constituer une priorité car les avantages qui en découlent peuvent redéfinir les règles de la concurrence sur un secteur. Plus l'ENT est riche et ergonomique, plus il est utilisé.

Les contenus d'un ENT sont variés, conformément aux besoins. On y trouve notamment :

- une base d'informations sur les modes opératoires et tutoriels des logiciels ;
- une gestion collaborative des processus de travail, chacun ayant connaissance des actions des autres ;
- des documents dédiés aux nouvelles recrues ou stagiaires ;
- des actualités et des communications sur l'organisation (foire aux questions – FAQ) ;
- des renvois vers des contenus externes d'informations ;
- un annuaire des membres du personnel et de leurs missions ;
- un agenda partagé des salles de travail, des plannings des collaborateurs, etc.

▸ **Exemple**

Le cabinet d'expertise comptable Dardaillon, situé à Nantes, comporte un ENT qui offre des **services intégrés et connectés** à ses collaborateurs. Différentes ressources y sont ainsi accessibles :

- une messagerie en ligne instantanée (Webmail) ;
- des services d'inscription aux formations en e-learning ;
- des agendas partagés des collaborateurs permettant la visibilité sur les disponibilités ;
- des services de réservation des salles pour recevoir les clients du cabinet ;
- la charte informatique (↪ fiche 39) du cabinet. ◂

B. Les atouts et les limites d'un ENT

Comme tout outil, l'ENT présente des avantages et inconvénients.

Avantages et inconvénients d'un ENT

Avantages	Inconvénients
• Communication dans le travail : accessibilité rapide aux informations, connexion à l'organisation permanente, travail à distance, agilité, fluidité. • Accessibilité aux ressources numériques : bases de données, applications, informations, processus, informations partagées. • Facilite le travail collaboratif : les missions effectuées par un salarié peuvent être complétées par un autre en fonction des compétences et de la fiche de poste de chacun. • Rationalisation dans le travail : la structure du SI améliore la structuration du travail. • Amélioration d'un fonctionnement en processus : plusieurs collaborateurs peuvent agir en fonction de leurs compétences et missions tout au long d'un même processus. • Développement de l'intelligence collective reposant sur une mise en commun des compétences et sur des synergies.	• Gestion complexe de sécurisation des contenus confidentiels et risque de surinformation. • Renforcement du sentiment de contrôle : les moments et durées de travail sont connus et conservés. • Brouillage entre la sphère professionnelle et la sphère privée : l'accès à distance permet le travail en dehors de la structure et peut conduire à des risques psychosociaux. • Affaiblissement des relations humaines : dans des grandes structures ou des emplois en télétravail. • Des mises à jour mal organisées peuvent être sources d'erreurs diffusées à un ensemble d'utilisateurs. • Susceptible de développer des résistances aux changements dans son utilisation par certains collaborateurs peu formés ou peu impliqués dans les évolutions de l'ENT.

2 L'exploitation performante de l'ENT

L'ENT est profitable à toute taille d'organisation et dans tous les secteurs d'activité.

Les points de vigilance sont nombreux afin de permettre une réelle performance de cet espace :

- Une sécurisation des accès via un identifiant et un mot de passe.
- Une mise à jour régulière et fiable des contenus diffusés.
- Une continuité dans les accès et la disponibilité auprès de tous les utilisateurs.
- La mise en place d'un processus de régulation de l'ENT : quels sont les acteurs responsables de sa gestion et ses contenus ? Comment assurer la cohérence avec la charte informatique ? Comment vérifier la qualité des informations à disposition ?

LE + DE L'EXPERT

Sachez exploiter l'ensemble des potentialités d'un ENT afin d'en saisir les leviers de performance pour l'organisation.

7 Les ressources du système d'information (SI)

Mots-clés

Accès au SI • Équipement réseau • Fiabilité de la connexion • Poste client • Réseau • Ressources matérielles et logicielles

1 Les composantes d'un SI

Définition

Le fonctionnement du SI repose sur la mobilisation de ressources matérielles et logicielles. Seule la combinaison de ces ressources permet une exploitation performante d'un SI.

A. Les ressources matérielles

Les équipements permettant un accès au SI sont variés afin de répondre à des besoins diversifiés.

Principales ressources matérielles

Poste de travail fixe	Ordinateur composé de connectique, processeur, carte réseau, ventilateur, carte mère, mémoire vive, morte et de masse (disque dur interne ou externe) et logiciels (système d'exploitation, sécuritaires).
Ordinateur mobile nomade	Mêmes composants que le poste fixe mais avec des capacités moindres (processeur moins puissant, espace de stockage mémoire vive plus petit, etc.) destinés à une utilisation agile au sein et à l'extérieur de l'entreprise.
Tablette	Équipement connecté tactile permettant d'accéder aux applications, aux contenus multimédias, au réseau, etc.
Smartphone	Équipement connecté avec des applications et la navigation sur le Web.
Périphériques	• Équipements, avec peu de ressources propres, destinés à permettre le dialogue, par le biais de requêtes à un serveur, entre l'utilisateur et le système d'exploitation. • Les matériels associés sont : clavier, souris, webcam, micro, scanner, tablette graphique, écran, imprimante, hauts parleurs, etc.

▸ **Exemple**

Le restaurant Asian'H comporte deux salles et une terrasse. Le dirigeant a équipé les serveurs et les équipes de cuisiniers et de gestion de différents équipements matériels :

– tablettes tactiles pour les prises de commandes par les serveurs ;
– postes fixes afin de voir les plats commandés et d'en déclencher leur préparation ;

– postes fixes utilisés pour encaisser les montants des factures clients ;
– postes nomades du service de gestion, utilisés pour les rendez-vous avec l'expert-comptable. ◂

B. Les ressources logicielles

Les équipements matériels doivent être combinés à des ressources logicielles pour fonctionner.

Principaux logiciels

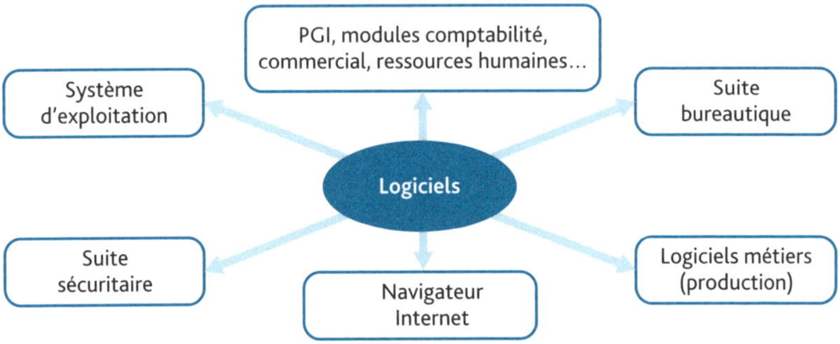

2 Le réseau dans un contexte professionnel

Définition

Un **réseau** est constitué d'un ensemble d'équipements interconnectés (« **équipements réseau** ») qui forment une infrastructure réseau. Ce réseau constitue le socle sur lequel reposent les activités professionnelles.

A. Les finalités du réseau

Un réseau vise au partage des ressources et à l'échange des informations par le biais :
– du partage de fichiers, d'applications, de données ;
– de la communication entre différentes applications ;
– de la diminution des temps d'accès aux données, de réalisation des traitements ;
– des échanges entre les personnes (messagerie, visioconférence, e-learning).

B. Le réseau, une source d'efficience

Le réseau est un facteur d'efficience car :
- il évite la redondance des matériels, des données, des applications ;
- il autorise l'utilisation de ressources matérielles et logicielles hétérogènes (âges et caractéristiques différentes) et favorise leur évolution progressive (développement du parc informatique, introduction de nouvelles applications…) ;
- il optimise les ressources financières dédiées au parc informatique grâce à la mutualisation des équipements, des données, des espaces de stockage, des applications.

▶ **Exemple**

L'entreprise Raphgraph réalise des panneaux lumineux publicitaires. Vingt-deux salariés y travaillent. Elle dispose d'un réseau permettant de :
- partager deux imprimantes réseau entre tous les utilisateurs ;
- partager les applications métier (découpe des matériaux) et de gestion. ◀

C. Les typologies et caractéristiques des réseaux

Une typologie des réseaux peut être établie selon leur étendue.

Typologie des réseaux

Catégories de réseaux	Étendue du réseau
Réseau privé ou local ou LAN (*Local Area Network*)	• Connexion des équipements au sein d'un espace géographiquement limité, d'une entreprise privée. • Seules les personnes habilitées à se connecter au réseau peuvent le faire.
Réseau étendu WAN (*Wide Area Network*)	Interconnexion d'équipements dans une zone géographique étendue.

Deux caractéristiques distinguent notamment les réseaux. Ils peuvent être :
- publics (Internet accessible à tous) ;
- privés ou locaux (propriété d'une organisation ou d'un particulier).

D. La fiabilité de la connexion

La **fiabilité de la connexion** est assurée par la mobilisation de divers éléments :
- un identifiant permettant de reconnaître l'utilisateur ;
- un mot de passe permettant de prouver que l'utilisateur est bien la personne qu'il prétend être avec l'identifiant. Le mot de passe doit être suffisamment robuste afin de garantir un bon niveau de sécurisation du réseau.

La sécurisation des réseaux repose également sur la mise en place de réseaux privés virtuels ou VPN (*Virtual Private Network*). Le VPN assure la liaison de réseaux locaux dont les échanges sont véhiculés *via* Internet. Des modalités de chiffrement (tunnelisation) permettent une transmission fiable et sécurisée dans un contexte professionnel distant. Les modalités du chiffrement permettent une fluidité dans les échanges de données et d'informations entre un émetteur et un destinataire.

▶ **Exemple**

Le cabinet d'expertise-comptable Expert&Co comporte trois établissements géographiquement distants. L'un se trouve à Lyon, l'autre à Vénissieux et le dernier à Écully. Trente-cinq collaborateurs y travaillent sur des missions variées. Le réseau présente les modalités suivantes :
- les collaborateurs comptables se connectent *via* leur identifiant et leur mot de passe ;
- lors des déplacements auprès de la clientèle, des postes nomades aptes à être connectés au réseau à distance sont utilisés ;

– les liaisons de ces postes nomades de façon sécurisée sont rendues possibles grâce à un VPN qui permet les échanges de données sur les dossiers clients. ◄

E. Les équipements et modalités d'accès au réseau

Pour se connecter à un réseau, diverses modalités sont mises en œuvre :

• Sur le plan matériel, des équipements spécifiques sont nécessaires :

– un serveur. Il s'agit d'un système, matériel et logiciel, offrant des services de stockage et de partage. Peut être sollicité par de multiples utilisateurs ;

– une carte réseau, composant servant d'interface entre un hôte (ordinateur, imprimante…) et le réseau local (privé) ;

– un **poste client**, ordinateur ou poste de travail capable d'effectuer des tâches bureautiques ou métier. Un poste client lourd (des applications et ressources sont dans l'unité centrale) ou client léger aux capacités limitées (peu d'espace de stockage mais plus performant au regard de la maintenance) lance des requêtes ;

– un commutateur ou *switch* qui démultiplie les prises informatiques pour relier les matériels du réseau. Il n'envoie les informations qu'aux équipements destinataires, connus par leur adresse.

– un routeur qui assure l'interconnexion de deux réseaux différents et permet de connecter des réseaux ou sous-réseaux en interne (services comptables et ressources humaines par exemple) ainsi que le réseau privé avec le réseau public Internet.

• Les connexions à un réseau nécessitent également :

– un opérateur Internet (fournisseur d'accès à Internet) ;

– une demande de connexion déclenchée en interne par un utilisateur du réseau (lorsque chaque utilisateur a besoin d'accéder à une application hébergée sur un serveur ou une donnée sauvegardée sur une base de données, une requête est exécutée) ;

– une connexion physique (Wifi, câble, fibre, 4G, ADSL, Bluetooth, etc.) ;

– une connexion logique (organisation *via* des protocoles d'adressage – TCP/IP, Transfert Control Protocol/Internet Protocol V4 V6 –, permettant le transport et le routage afin d'atteindre un destinataire de façon unique et ciblée sur les équipements connectés du réseau).

LE + DE L'EXPERT

Les accès en nomadisme au réseau prennent de plus en plus d'importance tout comme le télétravail. Les équipements et les organisations doivent être pensés en conséquence.

8 La localisation du réseau

Mots-clés

Architecture client-serveur • Informatique en nuage • Localisation des ressources • Localisation géographique • Principe fonctionnel • Rôle • Serveur • Service réseau

1 La localisation des ressources

Définition

La **localisation des ressources** est l'identification du lieu physique où sont hébergés les données, les applications et les matériels inhérents au SI.

A. L'architecture client-serveur

Définition

L'**architecture client-serveur** est une organisation des ressources qui permet de coordonner les échanges entre les postes client et le(s) serveur(s).

Il s'agit de prévoir l'agencement des données et des logiciels entre les équipements qui les supportent, à savoir les postes client et les serveurs. On parle alors d'« architecture partagée » ou d'« architecture distribuée ». Une partie des logiciels peut être installée sur les disques durs des postes clients ; une autre, sur les serveurs. Ce partage tend à disparaître au profit d'une organisation plus simple dans laquelle toutes les ressources (données et logiciels) sont physiquement hébergées sur les serveurs.

Dans une architecture client-serveur, chaque équipement a un rôle propre : il est client (demandeur de services) ou serveur (fournisseur de services).

Définition

Un **rôle** est un ensemble de missions attribuées à un équipement.

Dans une architecture client-serveur, les rôles sont les suivants :

- Pour le poste client, il s'agit de réaliser des sollicitations pour obtenir des données et des accès à des logiciels. Ces ressources peuvent être localisées sur des serveurs en interne, dans les locaux mêmes de l'entreprise (ou cabinet d'expertise-comptable, collectivité territoriales) ou bien à l'extérieur auprès d'un prestataire ESN. La localisation physique de ces données et logiciels importe peu et n'est pas connue de l'utilisateur sur son poste client.
- Pour le serveur, la tâche consiste à répondre aux sollicitations des postes client. Encore une fois, la localisation physique de ces serveurs n'a pas d'importance, l'essentiel étant de fournir ces services en donnant les accès aux données et logiciels demandés.

Dans certaines organisations caractérisées par une architecture client-serveur, quelques applications peuvent demeurer physiquement sur le disque dur du poste client (ex. : suite bureautique), évitant de recourir au réseau pour y accéder.

Avantages et inconvénients de l'architecture client-serveur

Avantages	Inconvénients
• Absence de circulation de demandes sur le réseau. • Risque de saturation limité.	• Complexité des procédures de mise à jour logicielles par à une architecture classique.

La composition du réseau (clients lourds ou légers) n'a pas d'impact sur l'architecture client-serveur.

Organisation de l'architecture client-serveur

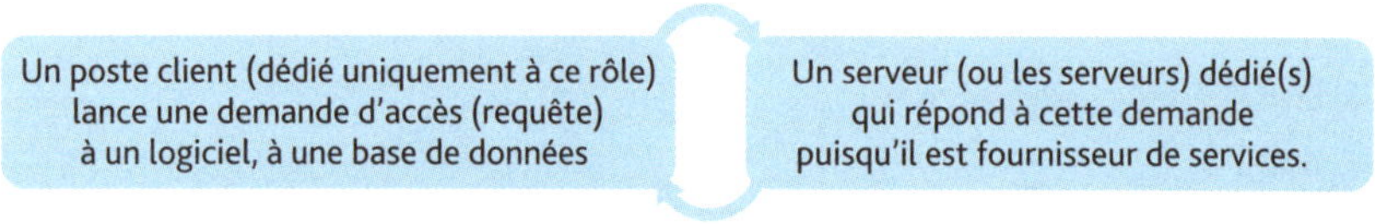

Principe de l'architecture client-serveur

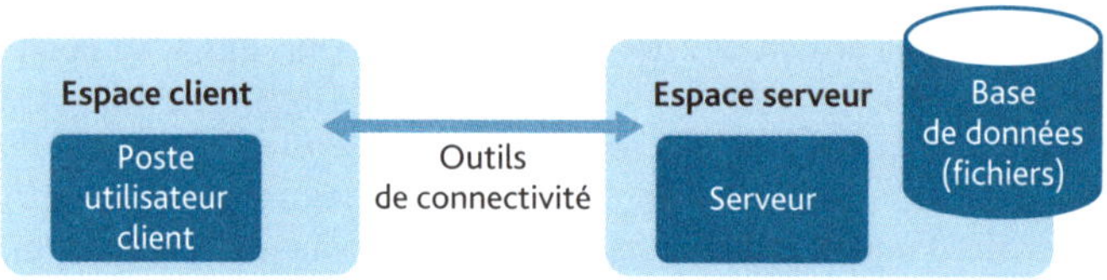

B. Les principes fonctionnels des serveurs

Les **principes fonctionnels** des serveurs se caractérisent par :

- le traitement et la réponse, par ordre de priorité (file d'attente), aux requêtes du poste client (y compris simultanément) ;
- le changement de localisation (autres serveurs, prestataires ESN, informatique en nuage) ;
- la répartition du traitement sur des serveurs (logiciels, BDD, accès internet, sauvegardes, etc.), tout en masquant la localisation (information transparente pour les usagers).

C. Les objectifs de la localisation des serveurs

La **localisation géographique** des serveurs répond à plusieurs objectifs :

- le choix d'une localisation des serveurs dans les locaux de l'entreprise ou chez une ESN ;
- le choix du lieu de stockage des données avec garanties légales et contractuelles sur la confidentialité et la sécurité ;

– les objectifs liés aux tarifs de ces alternatives de lieux de stockage afin de minimiser les coûts ;
– le choix de cette localisation permet d'être en conformité avec le RGPD (↪ **fiche 38**).

▶ **Exemple**

Le cabinet d'expertise comptable SystEC, situé à Lyon, fonctionne avec un réseau en architecture client-serveur. Différents échanges ont lieu lorsque :

– le collaborateur sur son poste client a besoin d'accéder au logiciel comptable et que le serveur où se trouve le logiciel fournit ce service ;
– le collaborateur a besoin de consulter la base de données et que le serveur de données fournit ce service. ◀

2 Les services réseau

Définition

Les **services réseau** désignent les fonctionnalités et les services disponibles sur un ordinateur *via* une connexion internet.

A. L'informatique en nuage (*Cloud Computing*)

L'**informatique en nuage** ou *Cloud Computing* désigne un mode d'organisation donnant accès à des ressources et services à la demande *via* Internet. Les caractéristiques en sont :

– une organisation en architecture client-serveur avec ressources accessibles *via* Internet ;
– des serveurs gérés souvent par un prestataire extérieur ESN d'où perte de contrôle ;
– une connexion Internet de qualité (sécurité, débit, disponibilité, continuité de service) ;
– le choix entre un Cloud privé (réservé à une entreprise), public (partagé) ou hybride (mixte) ;
– une tarification des services à l'utilisation (en fonction des connexions consommées) ;
– le partage des ressources sur des espaces différents ou éloignés géographiquement) ;
– des ajouts agiles de fonctionnalités et l'adaptation des services en fonction des besoins ;
– une gestion effectuée par des ESN spécialistes donc source de qualité pour l'utilisateur.

Avantages et inconvénients de l'informatique en nuage

Avantages	Inconvénients
• Permet de faire appel à des spécialistes. • Fait profiter l'entreprise de réduction de coûts (facturation variable). • Déclenche une réorganisation des ressources performante.	• Nécessite systématiquement un accès Internet. • Augmente les risques liés à la circulation de données sur Internet. • Provoque une dépendance vis-à-vis des prestataires ESN chargés du *cloud*.

Modalités du *cloud computing*

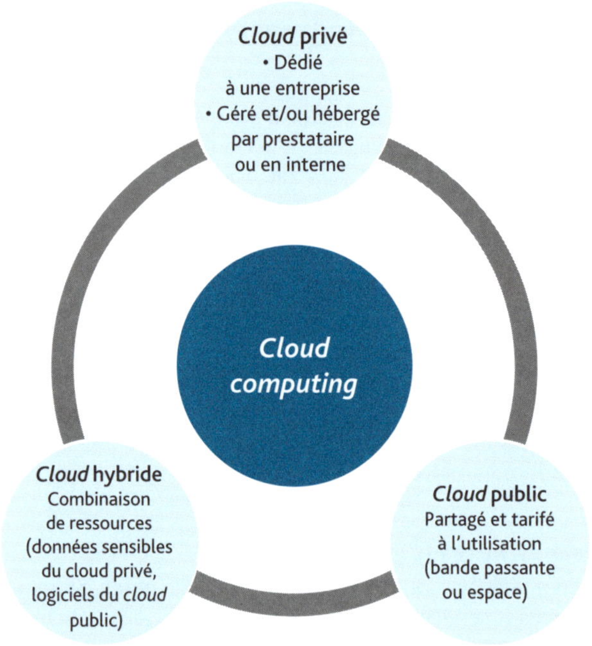

B. La diversité des services réseau

Les services réseau permettent un fonctionnement riche et adapté aux besoins des organisations.

Principaux services réseau et caractéristiques afférentes

Services	Caractéristiques
Annuaire	Ensemble d'informations sur les ressources (répertoire téléphonique, matériels, logiciels, bases de données, etc.)
Messagerie	Accès en ligne à un logiciel apte à consulter, gérer et envoyer des courriers électroniques via un navigateur Internet
Services Web	Utilisation de protocoles permettant les échanges et communications entre équipements et applications hétérogènes
Transfert de fichiers	Désigne la possibilité de déposer et d'accéder à des bases de données et espaces de stockage partagés

LE + DE L'EXPERT

Les organisations consacrent une part croissante de leur budget à la conversion au *cloud computing* de tout ou partie de leur SI.

9 Le diagnostic du système d'information

Mots-clés

Amélioration du SI • Défaillance du SI • Diagnostic du SI • Participation des utilisateurs

1 La réalisation d'un diagnostic du SI

Définition

Le **diagnostic du SI** désigne le fait d'identifier les forces et les faiblesses du SI. Ce diagnostic a pour enjeu d'améliorer ensuite le SI afin de répondre aux besoins.

A. Les contenus du diagnostic du SI

Le diagnostic couvre des domaines variés :

Matériel	• Inventaire des équipements (ordinateurs, serveurs) • Âges et caractéristiques des équipements • Nombre de pannes et dysfonctionnements des matériels
Logiciel	• Cartographie applicative (ensemble des applications) • État des lieux des concordances besoins/situation actuelles • Volume des données échangées et stockées
Humain	• État des lieux des compétences internes des utilisateurs • Mesure de la satisfaction des utilisateurs (enquêtes) • Collecte des témoignages et constats sur le SI
Organisationnel	• Mesure du nombre de pannes et attaques sécuritaires • Planification (fréquence) des sauvegardes de données • Contenu de la charte informatique et sensibilisation des utilisateurs

B. Les préconisations issues du diagnostic

Tout diagnostic du SI a pour vocation de déclencher des actions pour l'améliorer :

- plans de formation pour les utilisateurs ;
- investissements en matériels (ordinateurs et serveurs) ;
- réorganisation des missions (ESN, acteurs du SI) ;
- planification des mises à jour applicatives (antivirus) ;
- choix ESN et/ou informatique en nuage en fonction des besoins ;
- réécriture de la charte informatique ;
- réorganisation du réseau (services réseaux, travail collaboratif) ;
- organisation des modalités du nomadisme, télétravail.

▸ **Exemple**

L'entreprise Mélina&Co fabrique des bassines en plastique aux designs et motifs innovants. Mélina&Co est en pleine croissance mais un diagnostic du SI a révélé les éléments suivants :

- 27 jours d'indisponibilité du site Web l'année dernière ;
- 69 appels à la hotline de l'éditeur du logiciel commercial le mois dernier ;
- 2 attaques réseau ont eu lieu dans les 12 derniers mois ;
- 16 collaborateurs ont déploré des pertes de données l'année dernière ;
- 3 serveurs de données sont quasiment à saturation ;
- 20 % des utilisateurs sont très satisfaits de l'ergonomie de l'ENT ;
- 9 collaborateurs viennent de finaliser en équipe la nouvelle charte informatique. ◂

C. Le rôle des utilisateurs lors d'un diagnostic du SI

La réalisation d'un diagnostic du SI doit se faire avec la **participation des utilisateurs** afin d'avoir un audit complet. Les utilisateurs actuels sont sollicités pour :

- Faire part des **défaillances du SI** (heures d'indisponibilités du réseau, manque de compétences internes, manque de fiabilité des données, etc.).
- Collecter les suggestions d'**amélioration du SI** de la part des utilisateurs (formations, amélioration du parc informatique, renouvellement d'applications, etc.).

2 Les besoins d'évolution

Certains contextes génèrent des besoins d'évolution du SI :

Augmentation des effectifs
- Développement des activités conduisant à davantage d'utilisateurs et à acquérir de nouveaux équipements
- Adaptation des accès au réseau, de la connectivité et du nomadisme pour les nouveaux arrivants

Fusion avec une autre entreprise
- Périmètre du SI à repenser
- Réorganisation des missions des acteurs SI
- Intervention des ESN pour compléter les missions SI interne

Abandon d'activités
- Disparition ou cessation d'activités : sortie des équipements et logiciels associés
- Réorganisation du réseau, mise à jour des identifiants et mots de passe

Changements technologiques
- Passage d'un SI interne à un SI géré par une ESN
- Passage d'une localisation des serveurs en interne à un cloud
- Remplacement des logiciels

LE + DE L'EXPERT

Le système d'information doit s'adapter en permanence afin de répondre aux besoins de la stratégie globale.

10 La transition numérique

Mots-clés

Dématérialisation • Nomadisme • Plateforme d'e-commerce • Réseaux sociaux • Télétravail • Transition numérique • Visibilité Web

1 Les caractéristiques de la transition numérique

Définition

La **transition numérique** désigne le processus d'évolution d'une organisation lui permettant de profiter pleinement du potentiel offert par les technologies numériques.

A. La collecte des données et la gestion des réseaux sociaux

La transition numérique consiste notamment à collecter sur les **réseaux sociaux** :

- les avis des internautes pour réajuster les biens et services en retour ;
- les enregistrements des commentaires sur les boîtes vocales pour s'adapter ;
- les notations et les évaluations des internautes pour déclencher des actions correctrices.

B. L'e-réputation et la visibilité en ligne

La transition numérique inclut des missions :

- de *community management* visant à renforcer la **visibilité Web** ;
- d'interaction avec les internautes (formulaires de contact, e-mailings) ;
- de référencement dans les moteurs de recherche.

C. Le développement d'une culture numérique interne

La transition numérique se traduit par de nouvelles façons de travailler en interne :

- développement de la **dématérialisation** (gestion électronique des documents) ;
- exploitation des **plateformes d'e-commerce** ;
- sensibilisation des acteurs internes aux risques du numérique.

D. La budgétisation de la transition numérique

La transition numérique nécessite d'attribuer un budget pour financer :

- les logiciels de facturation électronique ;
- des équipements en faveur du **nomadisme** et **télétravail** ;
- le développement et la gestion d'un site Web.

▶ Exemple

Le cabinet d'expertise comptable Dardaillon, situé à Lyon, souhaite développer les potentiels d'une transition numérique. Différentes modalités y sont ainsi visées :

- envoi systématique par mail d'une enquête de satisfaction après une intervention auprès d'un client ;
- développement des services du site Web (accès à une prise de rendez-vous en ligne, tutoriels pour expliquer certaines démarches comptables et fiscales aux clients) ;
- financement de référencement de mots-clés dans plusieurs moteurs de recherche pour développer la visibilité sur le net et obtenir de nouveaux clients ;
- contrat avec une ESN pour assurer des missions de *community manager* ;
- projet de dématérialisation (facturation électronique, archivage numérique, etc.). ◀

2 Le processus de transition numérique

A. Une démarche en quatre étapes

La mise en place d'une transition numérique s'effectue en quatre temps.

Étapes de la transition numérique

Étape 1

Mener un diagnostic du système d'information :
- Quelle est la visibilité actuelle sur le Web ?
- Quelle exploitation des réseaux sociaux ? des blogs ?
- Comment sont prises en compte les attentes des clients ?

Étape 2

Identifier les besoins :
- Traduire le site Web pour développer les exportations ?
- Se lancer sur les réseaux sociaux pour capter des clients ?
- Dématérialiser les processus internes ?

Étape 3

Repenser le fonctionnement de l'entreprise :
- Quels services sont touchés ?
- Adapter les biens et services proposés ?
- Diversifier les débouchés ?

Étape 4

Accompagner la transformation digitale :
- Comment impliquer les ressources humaines ?
- Quelles formations proposer ?
- Comment accompagner le changement ?

B. Les objectifs d'une démarche de transition numérique

La transition numérique permet :

- d'être performant dans l'accès à l'information et son traitement ;
- de respecter les nouvelles normes requises (facturation électronique, norme EDIFACT, utilisation raisonnable du papier conformément aux certifications ISO…) ;
- de réduire les coûts (automatisation des procédures, impressions restreintes…) ;
- d'être plus efficace en matière de prospection et de fidélisation des clients et partenaires.

LE + DE L'EXPERT

La transition numérique devient un axe de compétitivité des entreprises et des cabinets d'expertise comptable.

11 Le contrat de prestation de services informatiques

Mots-clés

Contrat de prestation de services • Entreprise de services numériques • Externalisation • Infogérance

1 Les entreprises de services numériques (ESN)

Définition

Une **entreprise de services numériques** (ESN) est une société spécialisée dans le domaine des prestations en technologies informatiques.

Les ESN visent à améliorer le fonctionnement des SI de leurs clients *via* leurs savoir-faire. Elles répondent à un besoin d'externalisation des compétences numériques.

A. Le contenu des missions des ESN

Les ESN ont des rôles variés allant su simple conseil au développement et à la maintenance du SI.

Champs d'intervention des ESN

Conseil, mise en place de solutions digitales	• Diagnostic du SI, audit du parc informatique, tableaux de bord SI • Rédaction d'un cahier des charges (projet SI à réaliser) • Évaluation des besoins d'évolution du SI (fusion d'entreprises, croissance) • Transformation digitale, valorisation de la e-réputation • Choix technologiques (caractéristiques, poste client léger, nomadisme) • Gestion électronique de documents (GED)
Cybersécurité, hébergement de données	• Lieux d'hébergement, de stockage, d'archivage des données (data) • Sauvegardes externalisées dans l'informatique en nuage (*cloud*) • Tests de résistance du SI aux cyberattaques, aux intrusions • Administration d'un réseau, gestion des droits d'accès • Processus de cyber-sécurité intégrée (protéger, surveiller, renforcer)
Intégration, transition numérique	• Création d'un site Web, audience et analyses du trafic d'un site Web • SEO (*Search Engine Optimization*) du site Web (référencement) • Analyse des réponses des clients sur les réseaux sociaux • Clients connectés, échanges de données et analyses en temps réel • VoIP (voix IP) : leviers de réductions de coûts, mobilité
Formation	Progiciel de gestion intégré (PGI), logiciel CRM (relation client) et e-learning

Conception, développement, support technique	• Prise en charge de tout ou partie du SI (matérielle et applicative) • Support technique (câblage, assistance technique) et *hotline* • Maintenance matérielle et logicielle (préventive, corrective, évolutive) • Développement et maintenance des applications • Solutions « *as a Service* » (SaaS) : logiciels en ligne facturés à l'utilisation (↪ fiche 18)

B. Les secteurs d'intervention des ESN

Les ESN sont susceptibles de réaliser des missions dans tous les secteurs d'activité :

- aéronautique, espace, défense, énergie, R&D ;
- hôtellerie, restauration, grande distribution, commerces, transport ;
- communication, services publics, Éducation nationale, santé ;
- industrie, assurances, banque, secteur financier.

C. Les atouts des ESN

Les organisations ont recours à l'**externalisation** de tout ou partie de leur SI. Cette **infogérance** s'effectue en mobilisant les ESN pour des raisons diverses :

- compétences internes dans le numérique inexistantes ou incomplètes ;
- surcroît momentané d'activité ;
- projet d'amélioration du SI pour être plus compétitives ;
- profiter de spécialistes en numérique pour se recentrer sur le cœur de métier ;
- déclencher une visibilité des coûts du SI (facture de l'ESN) ;
- saisir les opportunités (visibilité Web, réseaux sociaux, nomadisme, télétravail).

2 Les contrats de prestation de services

Définition

Un **contrat de prestation de services** est une convention au terme de laquelle une société s'oblige, contre rémunération, à exécuter pour une autre société une mission déterminée.

Les clauses usuelles des contrats de prestation de services concernent :

- les modalités de facturation (au forfait ou au réel appelé « régie » ou « mixte ») ;
- les obligations mutuelles entre les parties (délai d'intervention, missions, etc.) ;
- les pénalités en cas de manquement au contrat (sanctions) ;
- les règles de confidentialité ;
- le cahier des charges associé au contrat (spécificités techniques des missions).

LE + DE L'EXPERT

Sachez faire appel à des compétences externes pour profiter de spécialistes du numérique.

DCG8

12 Les processus

Mots-clés

Activité • Effet de silo • Interaction • Processus • Produit • Valeur

1 Le découpage de l'organisation en processus

La structure traditionnelle par fonctions ou services (approvisionnement, production, commercialisation, administration...) des organisations est aujourd'hui confrontée à des problèmes de communication ou de sélection des priorités. La communication intra-service est efficace mais la communication interservices l'est moins : c'est l'« **effet de silo** ». La cohérence globale est alors remise en cause.

Les organisations actuelles, qui doivent s'adapter aux exigences des clients, à la concurrence ou à la compétitivité, ont besoin d'une structure transversale permettant à chaque acteur de réaliser ses missions en lui proposant des procédures d'échange des informations favorisant les **interactions** entre les services et la coordination des différents acteurs. La gestion par processus est une réponse satisfaisante.

Définition

Un **processus** est un ensemble d'activités utilisant des ressources permettant de transformer des éléments entrants en éléments sortants en leur apportant une valeur ajoutée. Il s'agit d'une succession d'activités réalisées à l'aide de moyens (personnel, équipements, matériels, informations) et dont le résultat est un produit.

Représentation graphique d'un processus

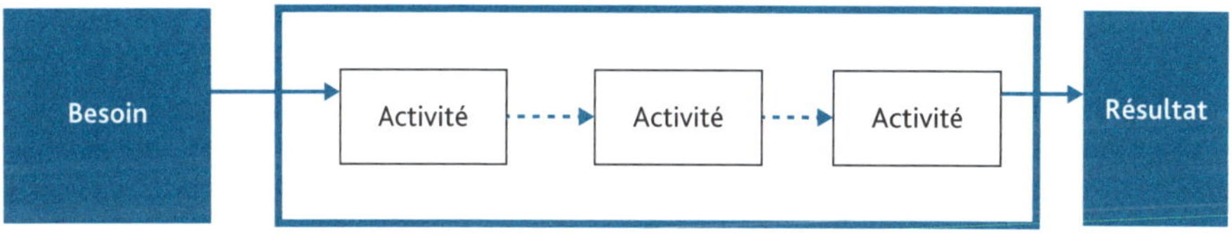

La présentation sous forme de processus procure une vision dynamique des activités, comme une suite de tâches à réaliser pour satisfaire les besoins des clients. Cette approche se caractérise par son aspect transversal faisant intervenir plusieurs fonctions ou services de l'organisation et par son caractère stable et reproductible même si son exécution peut varier dans le temps, en fonction de changements technologiques et de l'orientation clients.

▸ **Exemple**

L'arrivée d'une commande d'un client déclenche son enregistrement, sa préparation, le conditionnement des produits et l'organisation de la livraison avant l'envoi au client.

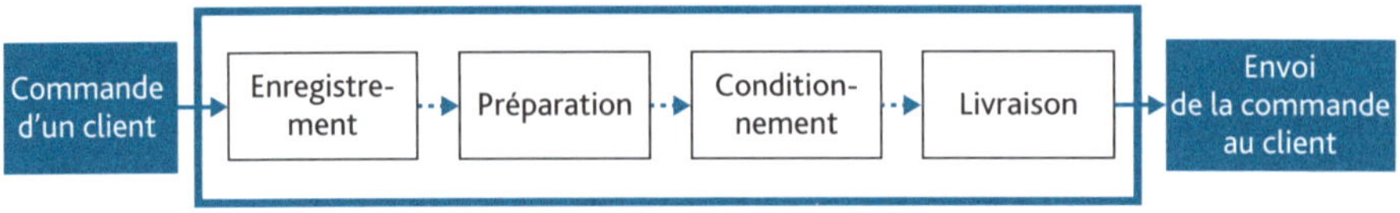

2 Une typologie des processus

Les processus sont classés en trois catégories.

Catégories de processus

	Description	Exemples
Processus métier	Les processus métier contribuent directement à la réalisation du produit, de la détection des attentes du client à sa satisfaction. Ils correspondent au cœur de métier de l'organisation.	• Processus de commande client • Processus de gestion des réclamations des clients • Processus de lancement de nouveaux produits
Processus support	Les processus support contribuent au bon déroulement des autres processus en leur apportant les ressources nécessaires. Ils sont indispensables au fonctionnement de l'organisation même s'ils ne créent pas de valeur.	• Processus de recrutement d'un collaborateur • Processus de demande de congé • Processus de gestion des fournisseurs • Processus de demande d'approvisionnement
Processus de pilotage	Les processus de pilotage contribuent à la politique et au déploiement des objectifs de l'organisation. Sous la responsabilité de l'équipe dirigeante, ils orientent et assurent la cohérence des deux autres processus.	• Processus d'audit interne • Processus de gestion de la qualité • Processus de planification stratégique

LE + DE L'EXPERT

L'approche par les processus correspond au premier niveau d'analyse du système d'information.

13 Les schémas de flux

Mots-clés

Acteur • Activité • Domaine connexe • Domaine d'étude • Flux d'information • Modélisation • Schéma de flux

1 Les caractéristiques des schémas de flux

A. La modélisation

Définition

La **modélisation** des processus consiste en une représentation schématique des flux d'information entre différents acteurs intervenant dans un même processus.

La modélisation poursuit plusieurs objectifs, dont celui de comprendre le fonctionnement de l'organisation qui, ensuite, pourra être analysé puis optimisé. La schématisation constitue un support interne de communication. Elle facilite l'ajout de nouvelles fonctionnalités. Les modèles proposés par chaque méthode sous-tendent une démarche intellectuelle. Le respect des symboles est donc important.

B. Le domaine d'étude

L'organisation étant un système complexe, elle est découpée en domaines fonctionnels afin de réduire la difficulté de la schématisation.

Définitions

- Un **domaine connexe** est un sous-ensemble du SI qui est représenté s'il interagit avec le domaine principal.
- Le **domaine d'étude** est un sous-ensemble cohérent de l'organisation, bien délimité et constituant le sujet à étudier.

▶ Exemple

Créatis est une agence de communication spécialisée dans la conception d'affiches, de dépliants ou de catalogues de produits. Elle schématise son processus de création d'une maquette d'un support publicitaire. Lorsque cette maquette est acceptée par le client, elle est envoyée au service impression pour une reproduction en grand nombre. Ici, le domaine d'étude est la création de la maquette, mais ce domaine est en interaction avec un autre service de l'entreprise : un domaine connexe « Impression » est créé. ◀

C. Les acteurs

Définition

Un **acteur** intervient dans le déroulement d'un processus, il émet ou reçoit des informations ou participe à des activités qui créent, transforment et renvoient ces informations.

L'acteur peut être une personne identifiée par son rôle (ex. : sa fonction, sa responsabilité) dans le processus, un service, une machine (ex. : un robot intervenant dans la réalisation d'une ou plusieurs activités du processus) ou une autre organisation.

- Un acteur interne appartient à l'organisation. Il intervient dans le processus et réalise des activités créatrices ou transformatrices d'informations.
- Un acteur externe au processus est uniquement destinataire ou émetteur d'informations. C'est un partenaire extérieur au domaine d'étude.

▶ **Exemple (suite)**

Lorsque la société Créatis reçoit la demande d'un client pour la création d'une maquette publicitaire. Le directeur de production interroge le client pour lui faire préciser ses besoins. Lorsque les informations sont complètes, il établit un devis qu'il envoie au client. S'il l'accepte, une copie de la demande est envoyée à un maquettiste qui crée le support publicitaire. Cette maquette est transmise au client pour acceptation ou modification. Une fois validée, elle est envoyée à un infographiste. Une dernière relecture est effectuée avant transmission au service d'impression. Dans cette organisation interviennent des acteurs internes – le directeur de production, le maquettiste et l'infographiste – et des acteurs externes – le client et le domaine connexe « Impression ». ◀

D. Les flux d'information

L'analyse des flux considère essentiellement les flux d'information qui accompagnent généralement les flux physiques.

Définition

Un **flux d'information** est un transfert d'informations (message) entre deux éléments du système d'information.

Un flux part d'un émetteur pour aboutir à un destinataire, il est caractérisé par un support de communication (papier, numérique, etc.) et par sa nature ou son sens. Le flux est :

- interne, s'il est émis par un élément interne à destination d'une cible interne ;
- entrant, s'il est émis par un élément externe à destination d'une cible interne ;
- sortant, s'il est émis par un élément interne à destination d'une cible externe ;
- externe, s'il est émis par un acteur externe à destination d'une cible externe.

2 La représentation schématique

A. Le schéma acteurs flux

Définition

Un **schéma de flux** met en évidence les informations échangées entre acteurs et domaines.

Un flux d'information est matérialisé par une flèche orientée vers un acteur (cercle) ou un domaine (rectangle) au-dessus de laquelle on précise le contenu du message. Le passage d'un flux à l'autre suppose un traitement.

Schéma acteurs-flux	Éléments représentés
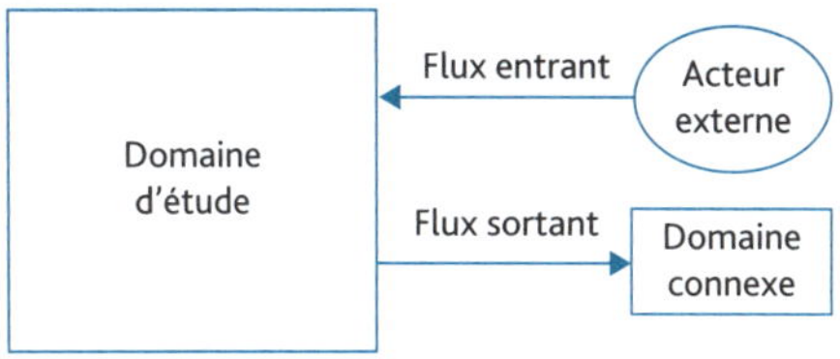	• Domaine d'étude et domaines connexes • Acteurs externes • Flux entrants et sortants • Les flux externes et internes ne sont pas représentés

▶ **Exemple (suite)**

Le schéma acteurs-flux de la société Créatis se présente ainsi.

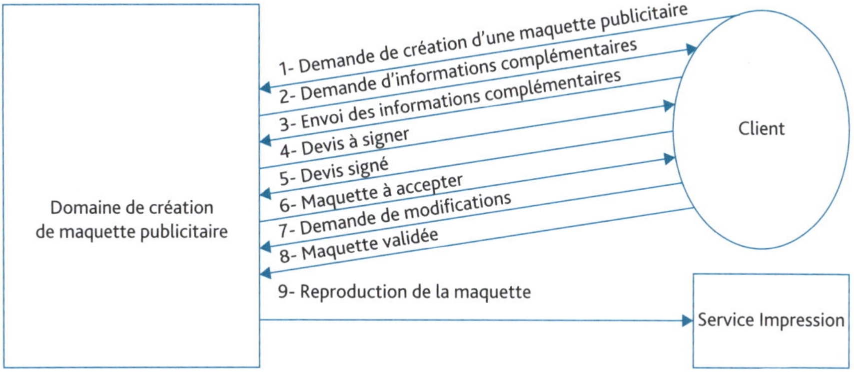

Dans ce schéma, seuls les flux entrants ou sortants sont représentés, le domaine d'étude est vu comme une « boîte noire ». ◀

B. Le schéma acteurs-flux-activités

Ce schéma de flux a pour objectif de repérer les activités réalisées au sein du domaine d'étude et les flux échangés lors de la réalisation de ces activités.

Définition

Une **activité** est un ensemble de tâches non interruptibles réalisées par un acteur interne au processus et qui transforment ou utilisent l'information dans le but de satisfaire un besoin.

Schéma acteurs-flux-activités	Éléments représentés
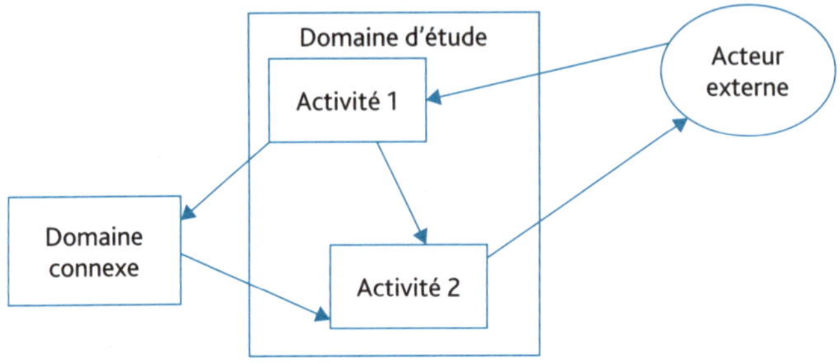	Domaine d'étude et domaines connexes Acteurs externes Activités internes au domaine d'étude Flux entrants et sortants Flux internes entre les activités

▸ Exemple

Les activités réalisées à l'intérieur du domaine d'étude qui correspondent au traitement de la demande, à l'établissement du devis, à la création de la maquette, au contrôle de l'infographiste et à la relecture définitive sont représentées. Les flux d'information qui transitent d'une activité à l'autre sont également schématisés.

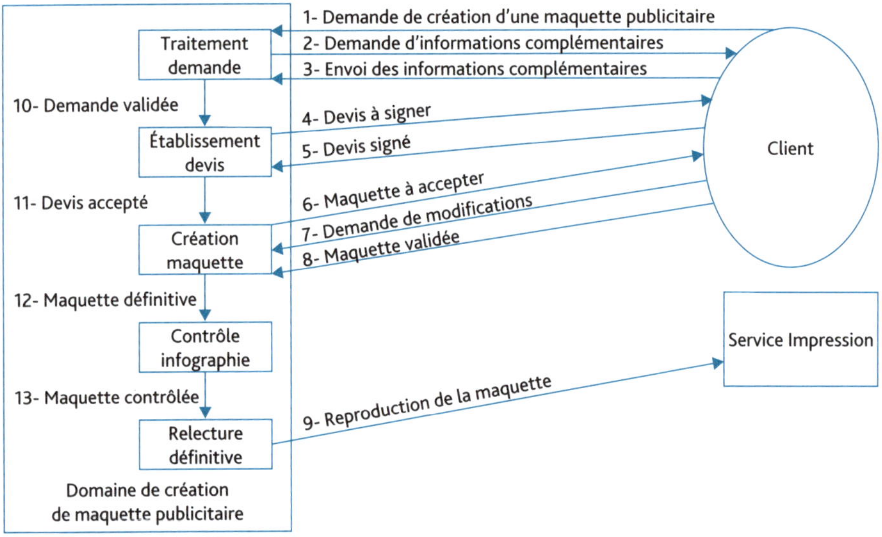

LE + DE L'EXPERT

Le formalisme du schéma doit être respecté ; les flux externes ne sont jamais représentés.

14 Le schéma événement-résultat

Mots-clés

Activité • Événement déclencheur • Règle d'émission • Résultat • Schéma événement-résultat • Synchronisation

1 Les règles de modélisation du schéma événement-résultat

Définition

Un **schéma événement-résultat** permet de représenter des activités (traitement de l'information) déclenchées par des événements synchronisés et produisant au moins un résultat.

Le schéma événement-résultat permet de visualiser le déroulement de l'exécution d'un processus.

Exemple de schéma événement-résultat

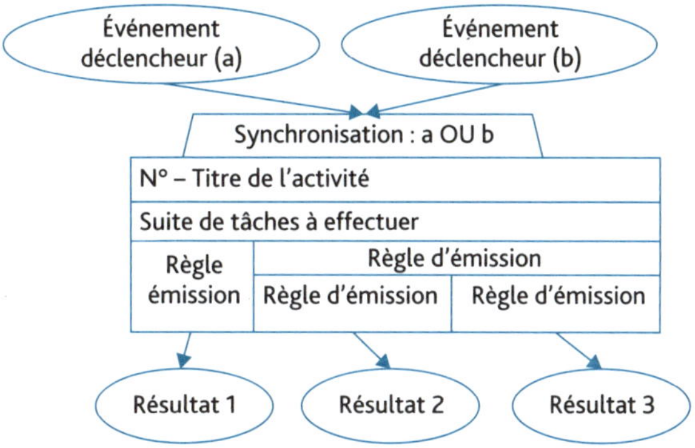

Il faut repérer les différents acteurs (↪ fiche 13) intervenant dans le processus.

▸ **Exemple**

Le processus d'admission d'un patient adulte à l'hôpital Clairval a été en partie automatisé. Dix jours avant son admission, le patient effectue une préadmission sur le site Internet. Il complète le formulaire en ligne et fournit tous les documents nécessaires. Chaque jour, un personnel du secrétariat vérifie les préinscriptions et relance les patients non encore inscrits. Il contrôle également les dossiers et réclame aux patients les pièces manquantes. Un dossier complet est transféré à l'accueil et au département dans lequel le patient sera hospitalisé. Le jour de son arrivée, le patient est reçu à l'accueil où une vérification est réalisée à partir de son dossier de préinscription. Sa carte de Sécurité sociale est enregistrée. En cas de problème, le secrétariat est prévenu mais le patient est toujours pris en charge et orienté vers le département d'hospitalisation. Quatre acteurs interviennent : le patient, le secrétariat, l'accueil et le département de l'hôpital. ◂

2 Les activités

Une activité ou traitement (↳ fiche 13) est représentée par un verbe ou un substantif (ex. : « traiter la commande » ou « traitement de la commande »). Chaque activité est représentée par un rectangle dans lequel on décrit l'ensemble des actions nécessaires à l'obtention du ou des résultats (saisie, impression, etc.). L'activité ne doit nécessiter aucun autre événement en entrée que ceux décrits.

Une activité déclenche au moins un résultat. Le résultat d'une activité peut devenir l'événement déclencheur d'une autre activité.

▸ **Exemple (suite)**

Dans le processus d'admission d'un patient, deux acteurs internes réalisent des activités lors de l'admission du patient : le secrétariat vérifie les inscriptions, analyse les documents et relance les patients pour les inscriptions non encore réalisées et pour les dossiers incomplets. Si toutes les informations sont disponibles, cette suite de tâches est effectuée sans interruption et constitue une activité. Dans le cas de l'inscription non encore effectuée ou d'un dossier incomplet, il faut relancer le patient avant de recommencer l'activité. L'accueil contrôle le dossier du patient lors de son arrivée. Là encore, une série de tâches sans interruption constitue une seule activité. Les autres acteurs (patient et département) étant des acteurs externes, leurs activités ne doivent pas être schématisées. ◂

3 Les événements déclencheurs et la synchronisation

Définition

Un **événement déclencheur** est un fait nouveau pour le système d'information (flux d'information) qui déclenche une réaction d'un acteur.

Un flux d'information reçu par un acteur entraîne la réalisation d'une activité en réponse. Le déclenchement d'un processus est soit d'origine temporelle (date), soit issu de l'action d'un acteur interne ou externe. Un événement déclenche une activité soit seul, soit synchronisé avec d'autres.

Définition

La **synchronisation** exprime une condition de coordination d'événements qui déclenche une activité. Elle est exprimée sous la forme d'une expression logique utilisant notamment les opérateurs « ET » et « OU ».

▸ **Exemple**

La première activité du processus d'admission de patient est déclenchée par l'événement temporel (chaque jour) qui peut être accompagné des autres événements déclencheurs (formulaire complété ou documents parvenus ou inscription en attente). Les opérateurs « ET » et « OU » explicitent les règles de synchronisation.
La deuxième activité du processus est déclenchée par l'arrivée du patient et la mise à disposition de son dossier à l'accueil de l'hôpital. L'opérateur « ET » décrit la synchronisation.

Le processus d'admission d'un patient est représenté ainsi :

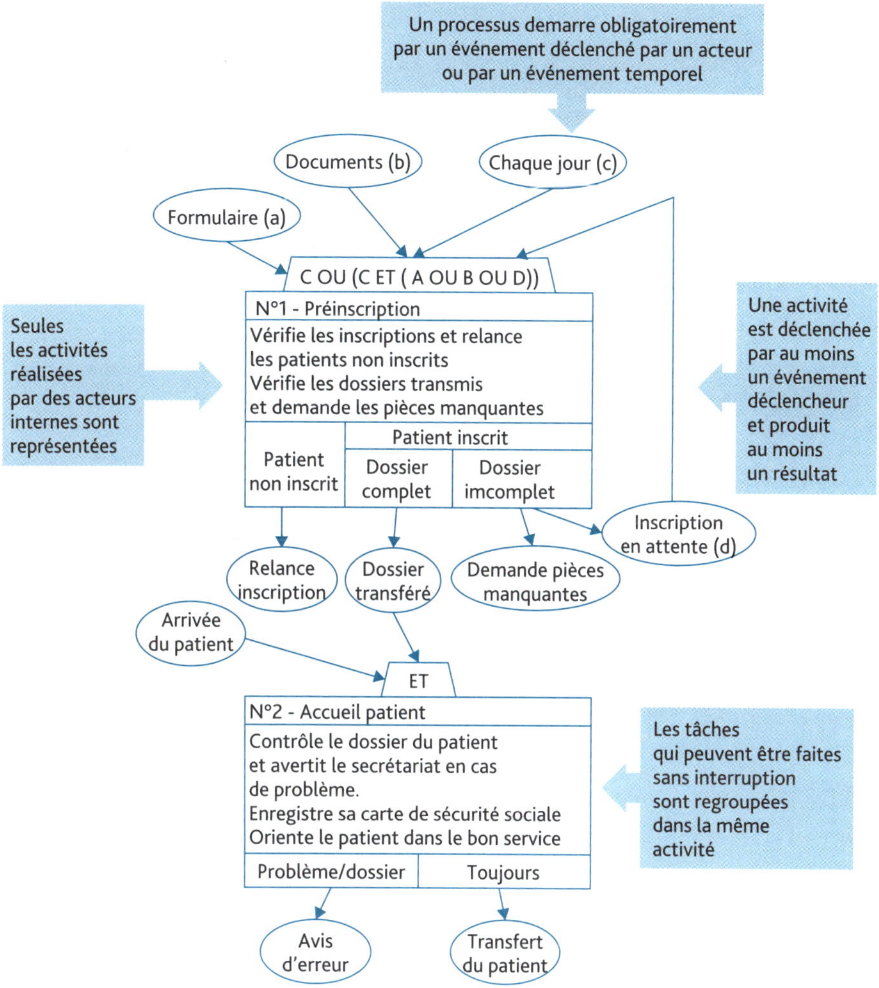

4 Les résultats et les règles d'émission

L'activité fournit un ou plusieurs résultats consistant en un flux ou un changement d'état du système d'information. L'un au moins des résultats arrête l'activité.

Définition

Les **règles d'émission** traduisent les conditions dans lesquelles sont émis les différents résultats.

Les résultats d'une activité peuvent être conditionnés par des règles d'émission. À défaut, le résultat est TOUJOURS produit.

▶ Exemple (suite)

Les différents résultats émis par le secrétariat à l'issue de son activité sont la relance du patient non inscrit, la relance du patient pour dossier incomplet et le transfert du dossier complet à l'accueil ou au département d'hospitalisation. Les différents résultats issus de l'activité de l'accueil sont le transfert du patient dans le département de l'hôpital et l'information envoyée au secrétariat en cas de problème dans le dossier du patient. ◀

5 Le schéma événement-résultat découpé par acteurs

Ce schéma permet d'identifier l'acteur qui réalise l'activité.

▶ Exemple (suite)

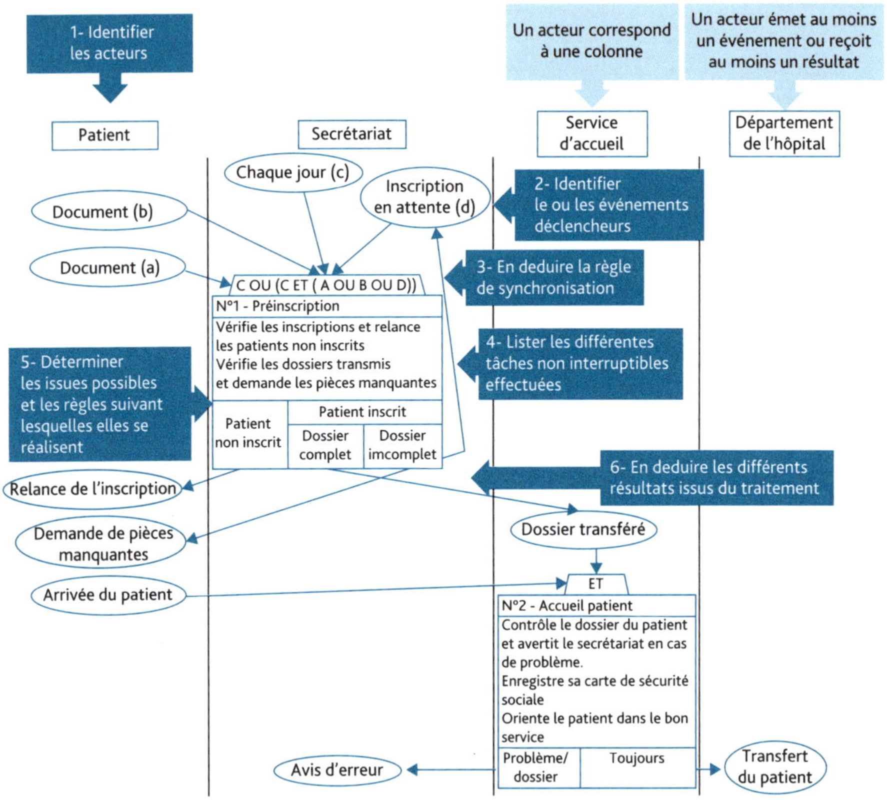

LE + DE L'EXPERT

La construction du schéma événement-résultat requiert une analyse des activités permettant de regrouper celles qui peuvent être réalisées sans interruption.

15 L'amélioration des processus

Mots-clés

Amélioration • Création de valeur • Dysfonctionnement • Organisation performante • Processus-clé • Valeur

1 Les objectifs de l'amélioration des processus

A. La recherche de la performance

Définition

Une **organisation performante** atteint les objectifs qu'elle s'est fixés (efficacité) en optimisant les ressources mises en œuvre (efficience) en répondant aux attentes des acteurs.

La mesure de la performance nécessite d'utiliser des indicateurs qualitatifs et quantitatifs adaptés.

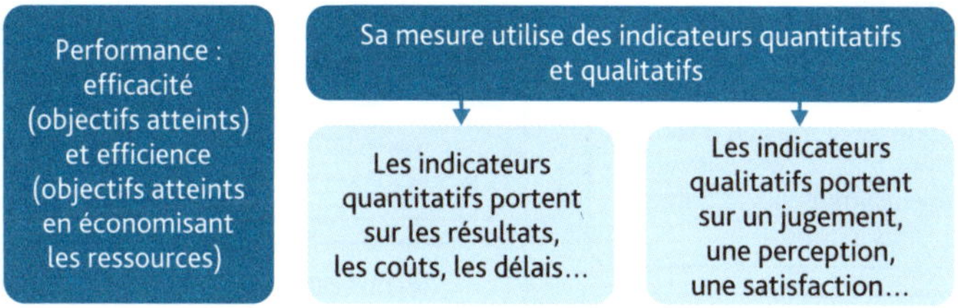

▸ **Exemple**

Afin de mesurer sa performance, le cabinet comptable Syntex a développé des indicateurs quantitatifs (ex. : nombre de clients du cabinet, nombre d'heures de travail par dossier) mais aussi des indicateurs qualitatifs (ex. : niveau de formation des collaborateurs, respect des normes comptables ou satisfaction des clients en matière de communication). ◂

B. Les processus-clés

La recherche de l'amélioration de la performance explique l'attention portée aux processus-clés.

Définition

Les **processus-clés** sont des processus critiques et prioritaires qui portent les facteurs de réussite et qui sont source de **création de valeur** pour l'entreprise.

Les processus-clés sont stratégiques car ils contribuent de manière significative à l'atteinte des objectifs stratégiques. Leur maîtrise est vitale pour l'organisation.

▸ **Exemple**

L'analyse des processus dans le cabinet comptable Syntex a permis d'identifier les processus clés suivants : recherche de nouveaux clients, établissement des lettres de missions, facturation, production des documents comptables, contrôle des documents comptables… Tous ces processus créent de la valeur. ◂

2 Les modes d'amélioration des processus

A. Les outils de diagnostic

La modélisation des processus permet d'obtenir une vision globale de l'exécution et de l'enchaînement des différentes tâches et de présenter un diagnostic susceptible d'aboutir à une remise en cause des pratiques afin de corriger les dysfonctionnements spécifiques ou d'améliorer la performance.

Le diagnostic préalable des processus requiert la prise en compte :

- du contenu du poste de travail ;
- de la répartition des tâches au sein de l'organisation ;
- des compétences nécessaires.

Analyse préalable à l'amélioration des processus

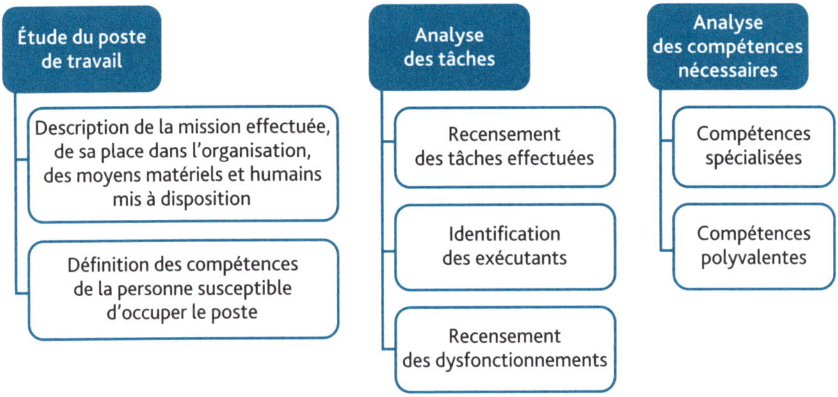

▶ **Exemple**

Pour répondre aux besoins de ses clients en leur offrant des services adaptés, le cabinet comptable Syntex doit être à leur écoute, notamment au moment de l'établissement de la lettre de mission. Une lettre de mission doit être correctement rédigée et contenir les informations obligatoires (identifications des parties prenantes, travaux confiés, obligations et responsabilités des parties, durée du contrat, renouvellement et résiliation, conditions financières…). Divers acteurs interviennent au sein du processus d'établissement de la lettre de mission : le client, le collaborateur qui est en relation avec le client, l'associé expert-comptable qui signe la lettre de mission et le secrétariat qui rédige la lettre. Ce processus comporte donc un ensemble de tâches exécutées par des acteurs polyvalents ou spécialisés. ◀

B. La démarche d'amélioration

Définition

L'**amélioration des processus** consiste à transformer les processus pour supprimer les dysfonctionnements, réduire les délais d'exécution, optimiser les ressources utilisées et les rendre modifiables dans le cadre d'une recherche de flexibilité.

Cinq étapes sont communément mises en œuvre à l'occasion d'une démarche d'amélioration des processus.

Une démarche en cinq étapes

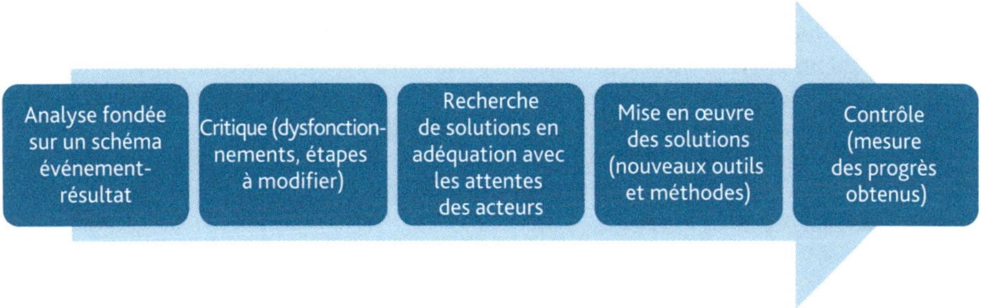

▸ Exemple

À chaque début d'exercice comptable, le collaborateur responsable d'un dossier s'entretient avec son client pour définir les travaux à effectuer dans le cadre de la mission de tenue de comptabilité. Il fait parvenir la proposition de services au secrétariat chargé de rédiger la lettre de mission. La lettre de mission doit ensuite être visée par un associé expert-comptable avant de revenir auprès du collaborateur qui la signe à son tour et la présente au client lors d'une réunion de travail.

Schéma avant amélioration

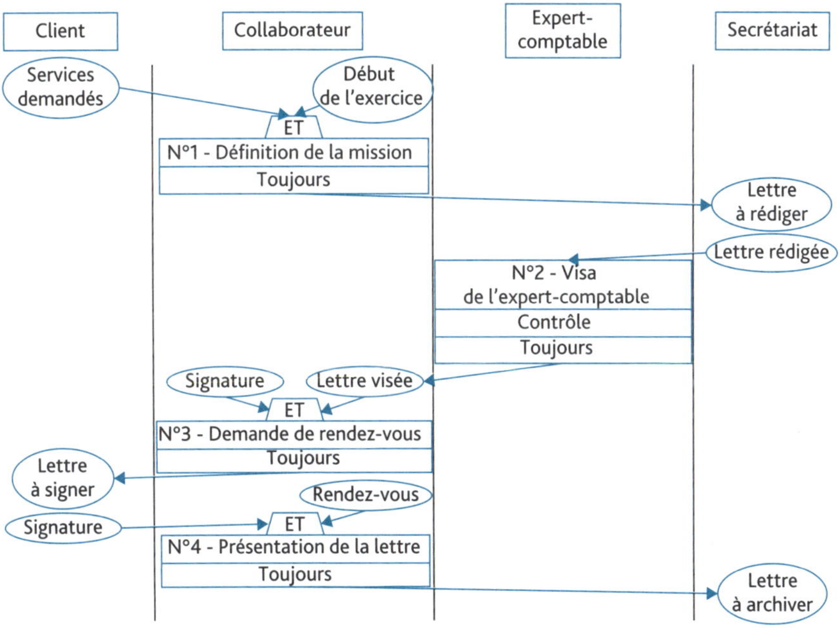

Le schéma du processus avant amélioration indique quatre traitements : définition de la mission, visa de l'expert-comptable, démarche de rendez-vous et présentation de la lettre au client.

Des critiques majeures ont été formulées :

• Les interlocuteurs du client ne sont pas toujours mentionnés dans la lettre de mission car ils n'avaient pas été sélectionnés au moment de sa rédaction. L'affectation des interlocuteurs est du ressort de l'associé expert-comptable.

• Les missions sont parfois achevées avec retard du fait du manque de planification. Les délais annoncés aux clients ne sont pas respectés. Le collaborateur doit avoir à sa disposition l'agenda des personnels afin de déterminer plus précisément les dates d'intervention.

• Le schéma ne fait pas référence à la destination des collaborateurs qui interviendront dans le dossier. Cette étape doit être ajoutée.

• L'agenda des collaborateurs doit également être à la disposition de celui qui rédige la lettre de mission afin qu'il puisse préciser les dates d'intervention dans le document.

Schéma après amélioration

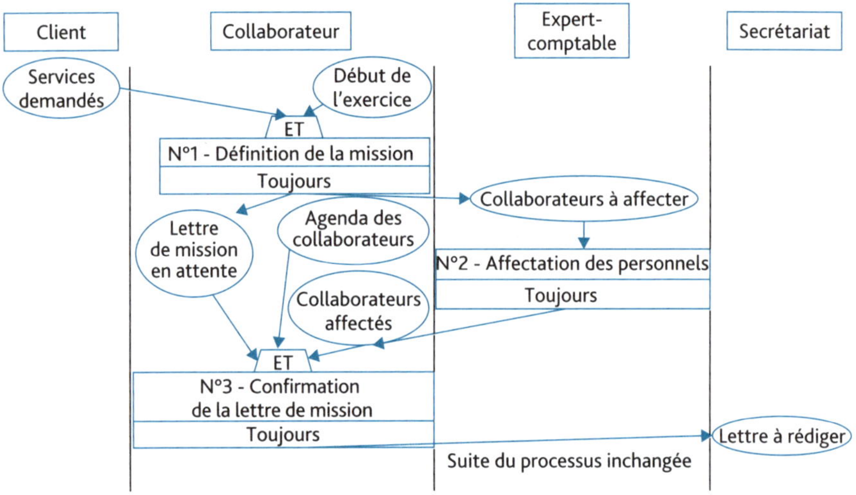

LE + DE L'EXPERT

Les connexions entre les activités sont souvent des sources potentielles d'amélioration du processus.

16 Le recours aux bases de données

Mots-clés

Autorisation d'accès • Base de données • Processus • Traitement

1 Les processus et le traitement des informations

Les **processus** (↪ fiche 12) reposent sur le traitement de l'information. À chaque étape du processus, l'information collectée par les utilisateurs est stockée. Une fois le **traitement** achevé, l'information modifiée est enregistrée puis diffusée auprès des destinataires.

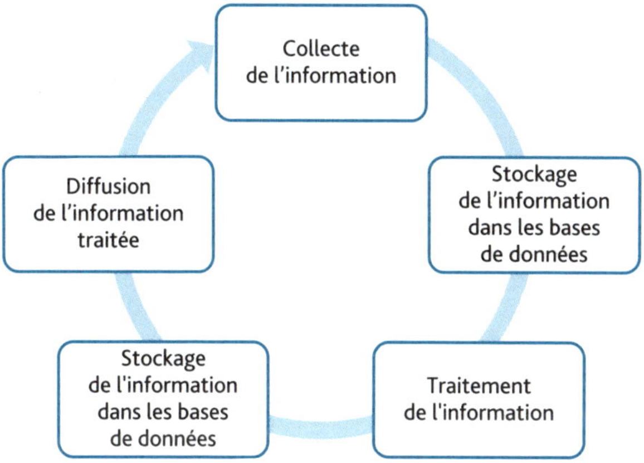

2 Les actions sur les bases de données

Les processus sont, pour la plupart, automatisés et s'appuient sur des **bases de données**. Le schéma « événement-résultat » (↪ fiche 14) peut être enrichi par les différents types d'actions qu'un utilisateur entreprend sur les bases de données selon le cycle informationnel. Les actions exécutées sont encadrées par les **autorisations d'accès** mises en place afin de sécuriser les données enregistrées.

Par convention, les différentes tables utilisées sont représentées de manière simplifiée à droite du schéma « événement-résultat ». Chaque type d'opération se traduit par une flèche différente sur laquelle il est éventuellement possible de mentionner la condition de réalisation de l'action.

Schéma événement-résultat et tables associées

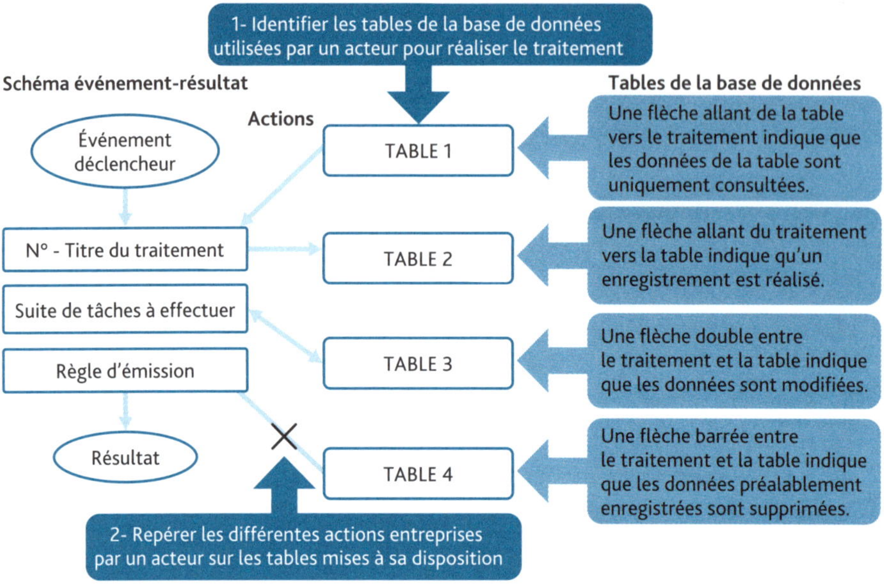

▸ Exemple

Dans le camping Les Flots Bleus, un acompte pour confirmer une réservation doit être versé dans le délai de 15 jours à compter de la date de la réservation. Chaque jour un commercial vérifie les acomptes arrivés à échéance. Le non-respect du délai entraîne l'annulation de la réservation et sa suppression dans la table réservation. Si l'acompte est versé dans les délais, la réservation est confirmée et la table RÉSERVATION est mise à jour. Dans tous les cas un mail est envoyé au client pour l'avertir. ◂

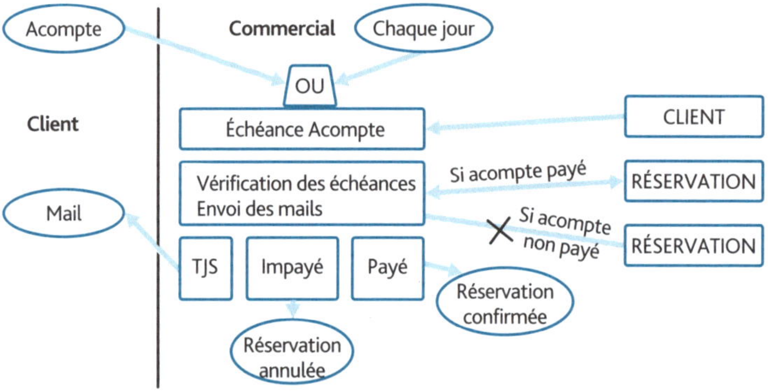

La table CLIENT doit être consultée pour lire le mail du client. La table RÉSERVATION est modifiée si le client a réglé l'acompte. À défaut, la réservation enregistrée dans la table doit être supprimée puisqu'elle est annulée.

LE + DE L'EXPERT

L'analyse précise du contenu des tâches effectuées permet de repérer toutes les tables d'une base de données qui sont utilisées lors d'un traitement.

17 Les droits des utilisateurs

Mots-clés

Création de données • Domaine • Droits d'accès • Groupe de travail

1 La création de domaines ou de groupes de travail

L'organisation doit contrôler l'accès à son réseau mais aussi à ses ressources et données confidentielles. La détermination des droits d'accès aux tables de données requiert la création de groupes de travail ou de domaines dans le réseau, en fonction des rôles de chaque acteur.

Définition

Les **domaines** regroupent des utilisateurs ayant accès à des ressources similaires et, d'une manière générale, aux mêmes processus et tâches (groupe de travail).

Les domaines permettent de limiter l'action des utilisateurs pour des raisons de confidentialité aux seules données qui leur sont nécessaires.

Un acteur (↪ fiche 5) peut participer à plusieurs domaines ou **groupes de travail**.

Les actions effectuées sur les bases de données varient selon les acteurs. La définition de droits d'accès aux tables pour chacun des utilisateurs ou groupe d'utilisateurs permet d'assurer la sécurité des données et du SI (↪ fiche 39).

▸ Exemple

La bibliothèque universitaire Gallinea a développé un site Internet proposant la consultation de son compte en ligne recensant le catalogue disponible, organisé par thèmes. Le site Web permet également de consulter les activités de la bibliothèque gérées par la directrice de la bibliothèque. Cette dernière établit l'agenda, met à jour la table de données contenant les informations sur les activités et choisit les documents à présenter. La bibliothèque emploie :

- Des conservateurs. Ils choisissent et enrichissent les livres anciens ou contemporains présents dans les rayons. Un livre est toujours rattaché à un des thèmes élaborés par les bibliothécaires chargés du traitement documentaire.
- Des responsables du traitement documentaire. Ils réalisent la veille documentaire, actualisent tous les documents, à l'exception des livres, définissent les types de documents et les thèmes à développer et mettent en valeur les ressources disponibles pour faciliter la consultation par les étudiants.
- Des agents des bibliothèques chargés de l'accueil et de l'accompagnement. Ils inscrivent, conseillent, orientent les étudiants et veillent à ce que les documents empruntés soient rendus dans le temps imparti.

Les conservateurs et bibliothécaires peuvent supprimer des documents de la base de données si ceux-ci sont dégradés ou obsolètes.

Compte tenu des rôles définis, cinq groupes de travail sont créés : direction (DIR), conservateurs (CONS), traitement documentaire (TDOC), agents bibliothèques (ABIBLI) et les étudiants (ETU). ◂

2 L'attribution des autorisations d'accès aux bases de données

Définition

Un **droit d'accès** permet l'attribution de privilèges dans la consultation ou l'administration de données informatiques.

Pour chaque utilisateur ou groupe d'utilisateurs, on définit des droits ou autorisations d'accès sur les tables qui peuvent être :

- C (création de données) ;
- I (interrogation de données) ;
- M (modification de données) ;
- S (suppression de données).

▸ **Exemple**

En fonction des rôles précisés précédemment, les droits d'accès attribués sont les suivants :

	Groupes				
Tables (extrait)	**DIR**	**CONS**	**TDOC**	**ABIBLI**	**ETU**
Document	I	CIMS	CIMS	I	I
TypeDocument	I	I	CIMS	I	I
ThèmeDocument	I	I	CIMS	I	I
Activités	CIMS	I	I	I	I
ExemplaireDocument	I	CIMS	CIMS	I	I
EmprunterDocument	–	–	–	CIMS	IM(1)
RéserverDocument	–	–	–	CIMS	CIM
Adhérent	–	–	–	CIMS	IM(2)

(1) Sur le champ Dateretour

(2) Sur les champs MailEtudiant et TelEtudiant

LE + DE L'EXPERT

La définition et la mise à jour des droits d'accès assurent la sécurité des données.

18 Les progiciels de gestion

Mots-clés

Application • Automatisation • Exportation • Implantation • Importation • Lettrage • Paramétrage • Passerelle • Progiciel • Progiciel horizontal • Progiciel vertical • SaaS

1 Les caractéristiques des progiciels de gestion

Définitions

- Une **application** informatique (logiciel) est un programme utilisé pour automatiser des tâches de traitement de l'information dans un domaine particulier. Son objet est contingent et libre en fonction des besoins.
- Le terme « **progiciel** » est une contraction de « produit » et de « logiciel ». Il désigne une application, conçue par un éditeur de programmes, utilisable par de nombreuses organisations.

La mise en œuvre des progiciels nécessite, au préalable, un paramétrage pour s'adapter aux spécificités et aux objectifs stratégiques des organisations.

▸ Exemple

Le paramétrage d'un progiciel de gestion commerciale nécessite de référencer tous les produits vendus par l'entreprise en les organisant par catégorie, en détaillant caractéristiques, prix de vente, disponibilité, modalités de livraison… ◂

2 L'hébergement de la solution

La question de l'hébergement en interne ou d'une solution disponible en ligne se pose pour toutes les organisations.

A. Le SaaS

La solution en ligne, le **SaaS** (*Software as a Service*), présente des avantages indéniables car elle permet d'accéder à des logiciels régulièrement mis à jour. Les données sont stockées dans le cloud et les prestataires en assurent la sauvegarde. Les investissements matériels sont moins coûteux et moins complexes. Ainsi, plutôt que de mettre en place un investissement générateur de coûts fixes, les entreprises supportent un coût qui varie en fonction du nombre d'utilisateurs ou du nombre de connexions.

Le passage à une solution en ligne comporte également des contraintes : il nécessite une connexion fiable et les coûts augmentent au fur et à mesure de l'évolution de l'activité. La récupération des données doit être aisée en cas de changement de prestataire et la confidentialité assurée.

B. L'acquisition d'une licence

La solution sur place a le mérite de laisser l'organisation maîtresse de la gestion, de la sécurité et de la localisation de ses données. Elle permet d'éviter le transfert de données sensibles en ligne mais requiert des moyens matériels, logiciels et humains en interne.

3 Les progiciels de gestion généralistes ou horizontaux

Définition

Un **progiciel** de gestion **horizontal** est une application assurant une fonction au sein d'une organisation (ex. : gestion commerciale). Cette solution est utilisée de façon similaire dans un grand nombre d'organisations.

▶ **Exemple**

De nombreux éditeurs de progiciels de gestion commerciale sont présents sur le marché : on peut citer Sellsy, un outil complet élaboré en France qui permet de réaliser des devis, des factures ou des paiements en ligne. ◀

A. Le progiciel de gestion comptable

La tenue de la comptabilité répond à une obligation légale. Cette application doit s'adapter au contexte de l'organisation qui doit pouvoir saisir ses informations d'identification, créer son propre plan comptable respectant le PCG, ses comptes auxiliaires client ou fournisseur, ses journaux auxiliaires ou des modèles d'écriture comptable. Elle répond au besoin d'**automatisation** d'un grand nombre de tâches répétitives.

Le **lettrage** des comptes de tiers permet de rapprocher les montants enregistrés dans un compte de tiers de ceux qui figurent, par exemple, dans les comptes de trésorerie afin de s'assurer que les règlements sont complets.

L'application doit permettre l'**importation** et l'**exportation** de données vers des progiciels connexes, d'où un gain de temps et un risque moindre d'erreur. Elle doit aussi être en mesure de produire le fichier des écritures comptables à la demande de l'administration fiscale (livre des procédures fiscales, art. L. 47 A-I).

▶ **Exemple**

Le progiciel Quadra Entreprise On demand, créé en 1991 et développé par Cegid, constitue une solution disponible en ligne. Il permet la tenue de la comptabilité financière et analytique, le suivi de la trésorerie, l'établissement des déclarations de TVA et des documents de synthèse et la réalisation des opérations de révision comptables. Il répond aux besoins des TPE, artisans et commerçants. ◀

B. Le progiciel de gestion de paie

Une application de gestion de paie doit permettre d'automatiser la production des fiches de paie que doit fournir tout employeur à ses salariés. Ce progiciel réalise tous les nombreux calculs répétitifs nécessaires pour établir la paie et doit être facilement paramétrable pour répondre à l'évolution de la législation.

Ce progiciel peut également comprendre un module de gestion du recrutement et de la formation du personnel ainsi que des fonctionnalités d'exportation des données vers d'autres applications, notamment vers le progiciel comptable afin de déverser les opérations de paie dans les comptes.

Le choix du logiciel de paie est conditionné par les fonctionnalités suivantes :

- la capacité du logiciel à s'adapter à l'évolution de la législation ;
- la complémentarité avec les logiciels déjà présents dans l'organisation ;
- la protection et la sécurisation des données.

▶ **Exemple**

En matière de paie, près d'un quart des entreprises françaises utilise les produits du prestataire américain ADP. L'application Decidium couvre trois domaines : la paie, la gestion des ressources humaines et la gestion des temps et des activités. Elle s'adresse aux PME de moins de 500 salariés souvent dépourvues de services RH et d'indicateurs sur leurs données sociales. ◀

C. Le progiciel de gestion commerciale

Une bonne gestion de l'entreprise implique une maîtrise parfaite de la gestion commerciale : prise en compte des commandes, établissement des devis et des factures, mise en place de la politique tarifaire, établissement de remises éventuelles, gestion des clients, établissement des contrats, gestion des stocks et des approvisionnements.

▶ **Exemple**

L'application Quickbooks créée aux États-Unis est une solution très simple, en ligne, qui permet d'établir des devis et de gérer la facturation client. Elle s'adresse aux micro-entrepreneurs et aux TPE. Elle permet l'établissement des factures et le suivi des ventes et des budgets. Elle comprend également un module de gestion des commandes fournisseurs ainsi qu'une interface autorisant un accès à l'expert-comptable pour la tenue de la comptabilité. ◀

Des produits élaborés peuvent également assurer le suivi de la performance commerciale de l'organisation, la gestion de la relation client (GRC ou CRM – *Customer Relationship Management*) ou la mise en place du commerce électronique.

D. Les autres progiciels de gestion

Un progiciel de gestion des immobilisations permet de gérer en intégralité le parc des immobilisations d'une organisation, de leur acquisition jusqu'à leur cession ou leur mise au rebut. Des fonctionnalités supplémentaires autorisent un transfert automatique des écritures d'amortissement et des cessions d'actif vers le progiciel comptable et produisent les déclarations fiscales obligatoires.

Un progiciel de gestion logistique gère l'ensemble des ressources liées à la chaîne logistique (*supply chain*) : les ressources matérielles, informatiques, humaines, mais aussi les plannings des tâches, les opérations de stockage, d'acheminement des matières premières ou des produits dans les entrepôts, les ateliers et même jusque chez les clients. Ce type d'application permet de tracer les matières et les produits.

Le rôle d'une application de gestion de la production assistée par ordinateur (GPAO) est d'assurer la mise en œuvre des opérations des processus de production. Les entreprises ayant toutes des organisations de production différentes, un progiciel de GPAO doit être facilement paramétrable pour pouvoir s'adapter au plus grand nombre.

E. Les passerelles entre logiciels généralistes

Une organisation qui recourt à différents progiciels spécialisés pour assurer l'automatisation de l'ensemble de ses processus a besoin de développer un certain nombre de passerelles entre les applications afin d'assurer les échanges d'information.

4 Le progiciel de gestion vertical

Définition

Un **progiciel** de gestion **vertical** est une solution qui peut s'adapter aux besoins spécifiques d'un secteur d'activité. Ce logiciel est dédié à un type de métier en particulier.

Le progiciel de gestion de cabinet comptable centralise tous les besoins d'un cabinet et permet une gestion continue des processus, de la lettre de mission jusqu'à la facturation. Le suivi quotidien de l'activité interne ou le pilotage du cabinet peut ainsi être optimisé.

▸ **Exemple**

SuiteExpert répond aux attentes des cabinets d'expertise : elle permet notamment de donner aux clients un accès à tout ou partie de leur dossier à travers des modules sécurisés. Après s'être connecté au serveur, le client peut, par exemple, déposer des documents comptables, consulter les documents archivés au cabinet, récupérer les fiches de paie de son personnel ou consulter l'état d'avancement de la tenue de sa comptabilité. ◂

LE + DE L'EXPERT

Orienté métiers, l'ERP vertical est plus spécialisé et moins souple que la version horizontale (transversale).

19 Les progiciels de gestion intégrés (PGI)

Mots-clés

Base de données unique • Couverture fonctionnelle • Implantation • Intégration • PGI • Temps réel

1 Les caractéristiques des PGI

Définition

Un **progiciel de gestion intégré** (ERP, *Enterprise Resource Planning* ou PGI) est, selon Robert Reix, théoricien du management des SI, « une application informatique paramétrable, modulaire et intégrée, qui vise à fédérer et à optimiser les processus de gestion de l'entreprise en proposant un référentiel unique et en s'appuyant sur des règles de gestion standards. »

Le PGI répond aux besoins de transversalité des traitements d'information ; il s'agit d'une solution centralisée :

- assurant le *back-office* (support interne des traitements d'information) de l'activité ;
- émanant d'un seul éditeur ;
- homogène et conçue pour satisfaire une large clientèle.

Unique, la saisie alimente une base de données, le référentiel de données unique. Le PGI permet un partage, en temps réel, des informations dans l'ensemble de ses modules, à quelque endroit de l'organisation. Techniquement, les PGI exploitent des bases de données selon une architecture client-serveur (↳ fiche 8).

De nombreuses solutions existent sur le marché. Les PGI ont d'abord été développés dans les grandes organisations puis l'offre s'est élargie à destination des PME. Les solutions propriétaires sont de plus en plus délaissées au profit de solutions en ligne.

▶ Exemple

En 2017, SAP domine le marché mondial, suivi par Oracle puis Sage. Sur le marché français, d'après une étude de IDC France parue en juin 2017, les ERP représentent 25 % du marché des logiciels, SAP arrive en première position suivie par Sage puis Cegid. Les fonctionnalités en croissance sont la gestion des ressources humaines, la gestion des projets et la gestion des achats. Les modalités d'accès évoluent rapidement puisque les revenus tirés de la mise à disposition d'un ERP en Saas devraient progresser de 14,7 % d'ici 2020. ◀

2 La couverture fonctionnelle du PGI

Le PGI couvre au moins un domaine d'activité, et parfois la totalité du SI de l'entreprise, à l'aide de différents modules paramétrables, dont certains sont optionnels.

Définition

La **couverture fonctionnelle** du PGI recoupe l'ensemble des domaines intégrés au périmètre du PGI.

Couverture fonctionnelle du PGI

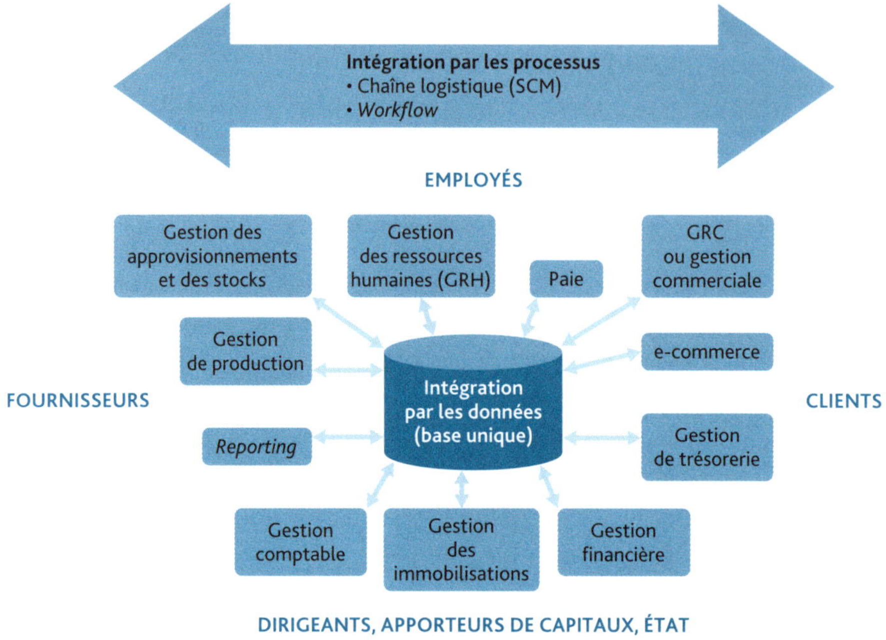

▸ **Exemple**

La société Moustache Bikes, créée en 2010, installée dans les Vosges, fabrique et commercialise des vélos à assistance électrique. Même si une partie des pièces provient d'Asie, à l'exception des moteurs et des batteries qui sont produits en Allemagne, les vélos sont assemblés en France. La croissance de l'entreprise a été très rapide et une volonté de maîtriser ses flux l'a motivée à rechercher un ERP qui puisse s'installer rapidement tout en répondant à ses besoins. Aidée par un prestataire, elle a choisi l'ERP en ligne Sylob 5. Dans un premier temps la mise en place a concerné le cœur de métier de l'entreprise (gestion des achats, production, ventes), puis des modules complémentaires ont été installés concernant le SAV, la prospection et le suivi de clientèle. Chez Moustache Bikes, la couverture fonctionnelle du PGI n'est pas complète car l'entreprise reste concentrée sur son métier et ses produits et externalise toujours la tenue de la comptabilité. ◂

3 L'implantation du PGI

A. Le choix du PGI et son implantation

Le choix d'un PGI est contingent. Outre les éditeurs classiques proposant des licences (SAP, Oracle...), des solutions *open source* se sont développées. Leur code source (langage de programmation) est mis à la disposition des utilisateurs qui peuvent le modifier et l'adapter à leurs besoins (Odoo, Dolibarr) et des solutions en ligne avec paiement d'un abonnement sont de plus en plus recherchées (Sage, EBP, Cegid).

Le PGI influence l'organisation et le choix des méthodes de travail. Concrètement, la mise en place d'un PGI (implémentation) est une opération longue, d'une durée allant de 18 mois à 24 mois en moyenne même si des solutions plus légères peuvent nécessiter un temps plus court.

▶ **Exemple**

La STUCE, Société des transports urbains de Colmar, emploie 110 personnes, et propose 20 lignes de transport en commun desservant 22 communes. Fin 2013, compte tenu des progiciels comptable et commercial à renouveler, la STUCE a choisi de se doter d'un ERP, l'application Wavesoft qui s'adresse à des PME du secteur des services. Cet ERP comprend des modules dédiés à la comptabilité, à la gestion commerciale, à la gestion de la relation client, aux immobilisations, aux liaisons bancaires ou à l'e-commerce... L'ensemble des modules répondaient aux besoins de la STUCE et offraient même des passerelles avec les solutions dont la STUCE était déjà équipée et voulait conserver (gestion des amortissements, du parc de véhicules, du temps de travail des mécaniciens, du stockage physique, des titres de transport et du gasoil). La migration a suivi le planning prévu et s'est réalisée en six mois. Après deux années d'utilisation durant lesquelles le personnel a suivi différentes formations afin d'acquérir la maîtrise de l'application, le responsable du pôle commercial constate que la solution a réduit les risques d'erreur en limitant les doubles saisies et l'utilisation du tableur, a réduit les documents en circulation et a permis d'obtenir plus rapidement les indicateurs des tableaux de bords. ◀

B. Les coûts de déploiement d'un PGI

Les coûts de mise en place d'un PGI comprennent :

- le prix de la licence d'utilisation du produit ou de l'abonnement ;
- le coût des extensions et interfaces spécifiques destinées à compenser une couverture fonctionnelle incomplète ;
- des frais d'infrastructure (les SGBDR, les systèmes d'exploitation, les matériels, les réseaux...) et de mise en service ;
- les tarifs des prestations de conseil et de formation ;
- les coûts d'exploitation (l'assistance, la maintenance, la saisie des données, l'archivage...).

L'implémentation d'un PGI permet souvent d'améliorer la productivité d'une organisation grâce à l'analyse de ses méthodes de travail. Les difficultés de mise en œuvre peuvent constituer des opportunités.

Avantages et contraintes d'un PGI

	Avantages	Contraintes
Partage des informations et accompagnement des processus	• Tous les acteurs accèdent aux informations dès leur saisie, en temps réel • *Workflow* : meilleur suivi des flux d'information améliorant la communication entre acteurs • Suivi des processus	• Définition précise des autorisations d'accès • Nécessite une bonne réactivité des acteurs

	Avantages	Contraintes
Cohérence des données et des applications base (référentiel) de données unique	• L'interface homogène facilite l'accès aux différents modules • Extractions et synthèses de données à la demande • Portabilité des données	• Lourdeur de mise en place • Formation du personnel • Sécurisation des données indispensable
Implantation opérationnelle du PGI	• Processus plus efficients • Coût souvent inférieur à des applications spécifiques • Maintenance régulière • Ergonomie éprouvée • Adaptation aux réglementations nationales et internationales	• Nécessité d'adapter les procédures de travail au PGI • Dépendance de l'éditeur du PGI ou d'une société de services • Le choix et la mise en place du produit peuvent être indispensables

▸ **Exemple**

La reprise de l'activité des savonneries Bernard, situées à Rezé (Loire-Atlantique), alors en cessation de paiement a posé le problème de l'adaptation de l'ERP à la nouvelle activité. En effet la nouvelle entreprise, la Savonnerie de l'Atlantique (SDA) a redémarré avec 22 collaborateurs tandis que l'ancienne comprenait 125 salariés. La SDA s'est recentrée sur son cœur de métier en produisant des savons durs vendus en l'état et des bases de savons destinées à des unités industrielles qui ne font que du conditionnement de savon. Au moment de la reprise, l'ERP installé s'est trouvé surdimensionné, inadapté puisque le métier avait été modifié, non performant puisque les coûts de revient ne pouvaient pas être calculés. Les besoins ont été précisés à l'aide d'un prestataire de services. Il s'agissait d'installer une application pérenne, évolutive et simple puisqu'aucun poste d'informaticien n'existe dans l'entreprise. La solution en ligne Sylob 9 a été choisie. Elle propose différents modules utilisant une base de données unique et une interface homogène pour tous les modules. Elle permet de définir les gammes de production, de produire les indicateurs nécessaires pour la prise de décision et de suivre les coûts de revient et donc les marges unitaires très faibles pour ce type de produit. Selon les responsables de la SDA, en prenant en compte les matériels et les prestations nécessaires, le nouvel outil a coûté 120 000 €. Son développement a nécessité la formation des différents utilisateurs et la redéfinition de certains des processus, notamment la production des coûts de gestion. ◂

LE + DE L'EXPERT

Le *workflow* (↪ fiche 20) associé aux PGI facilite la transversalité et la communication.

20 Le *workflow*

Mots-clés

Circuit • Validation • *Workflow*

1 Les caractéristiques du logiciel de *workflow*

A. Définition

Les PGI (↪ fiche 19) fournissent généralement un moteur de *workflow*.

Définition

Un *workflow* ou flux de travail est un logiciel qui permet de gérer les flux de travail, c'est-à-dire les flux d'information échangés, ainsi que les étapes et les délais de traitement.

Le *workflow* gère, de façon automatisée, l'ensemble des tâches à accomplir par les acteurs pour aboutir à un résultat, une information ou un document. Il permet ainsi de suivre les activités tout au long d'un processus. Ce flux de travail se déroule selon une programmation prédéfinie qui modélise les circuits, les délais et les modes de validation de l'information.

B. La représentation d'un *workflow*

Le schéma de *workflow* offre une vision globale des flux. Le schéma de *workflow* n'est pas normalisé, il en existe de très nombreuses variantes mais tous les modèles permettent de visualiser les documents ou informations, les actions du processus (validation, modification, vérification, annulation) et les conditions de réalisation des actions.

▸ Exemple

Lorsqu'un employé de la société Bournaud veut déclarer une note de frais, il doit la créer en indiquant les éléments de coûts correspondants.

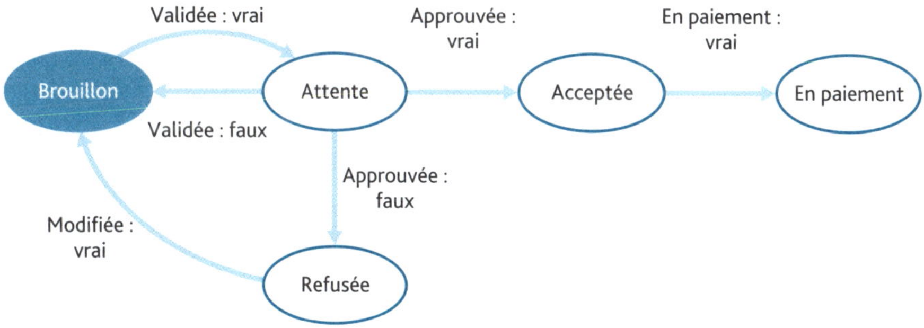

Le salarié peut modifier sa note de frais tant qu'il ne l'a pas validée. Cette note doit ensuite être approuvée par le supérieur hiérarchique qui peut la valider ou la refuser en contrôlant la conformité de la note aux documents de dépenses fournis. Dans ce dernier cas, le salarié pourra à nouveau la modifier. En fin de mois, le responsable met en paiement les notes de frais acceptées en les transmettant au service comptable. ◂

L'analyse du schéma de *workflow* permet à chaque acteur de vérifier facilement l'étape du processus et les échéances à respecter. Toutes les opérations de transformation de l'information sont enregistrées et permettent d'en assurer la traçabilité.

2 La modification d'un schéma de *workflow*

Une organisation peut être amenée à modifier un *workflow* dans plusieurs situations :

- Si elle rencontre des dysfonctionnements.
- Si elle modifie une règle de gestion, lorsque l'organisation désire mettre en place de nouveaux processus, créer de nouveaux postes ou développer ses activités.
- En cas de changements législatifs entraînant une modification des processus (ex. : création du FEC destiné à l'administration fiscale).
- En cas de changements technologiques (mise à jour des logiciels ou des matériels) ou d'externalisation d'une activité entraînant une modification des échanges d'informations.

▸ Exemple (suite)

La société Bournaud souhaite modifier la procédure de validation des notes de frais. Si la note dépasse 1 000 €, elle doit être validée par un deuxième supérieur hiérarchique avant d'être mise en paiement.

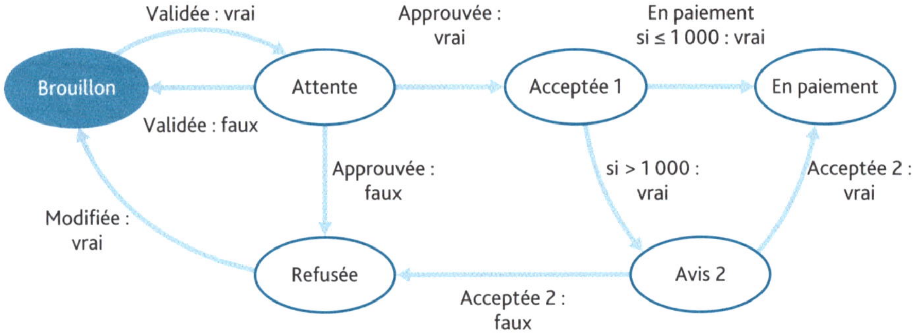

LE ✚ DE L'EXPERT

L'analyse du schéma du *workflow* permet d'assurer en partie les obligations liées à la traçabilité (➥ fiche 21).

21 La traçabilité

Mots-clés

Circuit • Cohérence • Contrôle • Schéma de production • Sécurité • Traçabilité • Validation

1 Les objectifs et cibles de la traçabilité

Définition

La **traçabilité** consiste à identifier l'origine et à reconstituer le parcours d'un produit ou d'un service, de sa production jusqu'à sa diffusion.

La notion de traçabilité peut également s'appliquer aux événements affectant le système d'information.

A. Les objectifs de la traçabilité de l'information comptable et financière

Un produit immatériel comme l'information comptable et financière doit être tracé afin :

- De permettre un **contrôle** de la donnée produite à l'aide d'informations détaillant son parcours : son origine, les applications logicielles et les processus qui ont permis son enregistrement ou sa transformation et son point d'arrivée. Il s'agit de préserver la fiabilité du chemin de révision obligatoire pour contrôler les comptabilités informatisées.
- D'assurer la **sécurité** de l'information en contrôlant les accès aux données.
- De garantir la **cohérence** des données dans des systèmes d'information de plus en plus complexes.

▸ Exemple

La société Druart est une centrale d'achats qui regroupe plus de 500 adhérents, magasins spécialisés dans la réparation et la vente de produits photographiques au grand public, répartis sur toute la France. Les adhérents passent commande par transfert de données entre leur logiciel et celui de la centrale en utilisant des fichiers XML. Chaque magasin doit pouvoir reconstituer le détail d'un transfert afin de valider les commandes qu'il a passées. ◂

B. Les cibles de la traçabilité

La traçabilité peut être exigée pour des raisons pragmatiques et organisationnelles ou pour des motifs réglementaires et légaux :

- Les dirigeants de l'entreprise, qui à tout moment veulent contrôler les processus, sont intéressés par la reconstitution du circuit de traitement d'informations pour détecter des dysfonctionnements.
- L'administration fiscale impose aux entreprises d'être en mesure de retrouver la source de leurs informations comptables.
- Les clients s'intéressent également à la traçabilité des produits et sont particulièrement concernés en cas de rappels de produits.

▶ Exemple (suite)

Dans le cas du transfert de données entre la société Druart et ses adhérents, la traçabilité intéresse :

- les magasins adhérents pour reconstituer leur commande ;
- la centrale d'achat qui doit pouvoir organiser ses livraisons ;
- l'administration fiscale qui doit pouvoir reconstituer les ventes et les achats de chacune des parties. ◂

2 La mise en œuvre de la traçabilité

A. Les outils de traçage

La mise en œuvre de la traçabilité passe par la présentation d'un **schéma de production** de l'information comptable et financière qui reconstitue l'ordre chronologique des opérations de production ou de transformation de cette information.

Cette reconstitution est facilitée par l'utilisation d'un logiciel de workflow qui soumet toutes les étapes de production de l'information à des validations.

B. Le contenu des traces

Les traces seront structurées de manière à conserver les informations suivantes :

- Qui ? Quel est l'utilisateur humain ou le module technique qui est intervenu ?
- Quand ? Quelle est la date et l'heure de l'événement de réalisation d'une opération ?
- Quoi ? Quelles sont les tâches qui ont été effectuées et les éléments de contexte indispensables à l'interprétation ultérieure de la trace ?

▶ Exemple

Le fichier transféré par le magasin adhérent à la centrale Druart contient les informations suivantes : numéro commande, date commande, code adhérent, nom adhérent, prénom adhérent, numéro produit, désignation produit, quantité produit, date de transfert, date de validation de la commande (par le responsable du magasin), matricule (de la personne qui a réalisé le transfert). Ces informations transférées autorisent la traçabilité.

• Réponse à la question « Qui ? »

- Le code de l'adhérent permet de connaître l'utilisateur à l'origine de la commande.
- Le matricule permet d'identifier l'utilisateur à l'origine du transfert des données.

• Réponse à la question « Quand ? »

- La date de commande permet de connaître la date de passation de la commande par l'adhérent.
- La date de transfert permet de connaître la date de transfert des informations à la centrale par l'adhérent.
- La date de validation permet de connaître la date de validation de la commande par le responsable du magasin.

• Réponse à la question « Quoi ? »

Il faut faire référence à la pièce à l'origine de l'opération. Le numéro de la commande (numéro, désignation et quantité de produit) remplit ce rôle. ◂

LE + DE L'EXPERT

En comptabilité et audit, la traçabilité est une obligation réglementaire.

22 Le modèle relationnel

Mots-clés

Attribut • Clé étrangère • Clé primaire • Dépendance fonctionnelle • Dictionnaire des données • Modèle relationnel • Relation • SGBDR

1 L'organisation des données

A. Le rôle et le fonctionnement des bases de données

Les bases de données relationnelles permettent de conserver de façon structurée les informations utiles aux différents traitements des processus. Ces informations y sont décomposées, organisées sous forme de données et stockées. Les systèmes de gestion de bases de données relationnels (**SGBDR**) prennent en charge les bases de données.

B. La collecte et la sélection des données

Seules les données utiles sont retenues dans la base en réalisant des entretiens et en analysant des documents. Ce travail lève d'éventuelles ambiguïtés.

Les données doivent être élémentaires : elles sont utiles en l'état, sans être scindées et ne résultent pas d'un calcul.

▸ **Exemple**

Une adresse est le plus souvent séparée en trois éléments, l'adresse-rue (10 rue Amiral Courbet), l'adresse-ville (LORIENT) et le code_postal (56100). ◂

C. Le dictionnaire des données

Toutes les données élémentaires retenues, de valeur non stable (paramètres) sont présentées dans un **dictionnaire des données**. Celui-ci prend le plus souvent la forme d'un tableau à quatre colonnes contenant le nom, le code et le type de donnée ainsi que d'éventuels commentaires. Le type décrit la nature des valeurs associées à une donnée.

▸ **Exemple**

Facture de l'entreprise Magadur (extrait) :

<table>
<tr><td colspan="2">MAGADUR
31 rue des Goélands
56340 Plouharnel</td><td colspan="3">Numéro client : 411256
Zoé Huet
10 rue Amiral Courbet
56 100 Lorient</td></tr>
<tr><td colspan="5">Facture MAR257 du 17/03/N</td></tr>
<tr><th>Référence</th><th>Désignation</th><th>Quantité</th><th>PUHT</th><th>MONTANT</th></tr>
<tr><td>MG02</td><td>Mélange de graines et de fruits secs</td><td>50</td><td>15,00</td><td>750,00</td></tr>
<tr><td>LA03</td><td>Lait d'avoine</td><td>5</td><td>1,50</td><td>7,50</td></tr>
</table>

Le dictionnaire des données correspondant à la facture de l'entreprise Magadur est le suivant :

Code donnée	Nom Donnée	Type	Commentaire
NumCli	Numéro du client	Numérique	Séquentiel
NomCli	Nom du client	Texte	
PrenomCli	Prénom du client	Texte	
AdrRueCli	Adresse rue du client	Texte	
CPCli	Code postal du client	Texte	5 caractères
AdrVilleCli	Adresse ville du client	Texte	
NumFact	Numéro de la facture	Texte	
DateFact	Date facture	Date	Format date jj/mm/aa
RefProd	Référence du produit	Texte	
Désignation	Désignation du produit	Texte	
Quantité	Quantité du produit	Numérique	Réel, deux décimales
PUHT	Prix unitaire HT	Numérique	Réel, deux décimales

Le taux de TVA est un paramètre ; il n'est pas inclus dans le dictionnaire mais aurait pu l'être. Les éléments calculés, conformément à la règle, ne sont pas identifiés. ◂

D. La structuration des données

Les données élémentaires doivent être organisées pour être traitées aisément en mettant en évidence des liens formant des objets du système d'information (SI).

Définition

Les **attributs** correspondent au plus petit élément d'information manipulable.

Les attributs sont dotés d'un nom ; ils prennent alors des valeurs et un sens dans le SI étudié. Leur organisation permet de structurer les données.

▸ Exemple

L'attribut « Nomcli » prend diverses valeurs comme ici « Huet », il caractérise le client et a donc une signification dans le SI de l'entreprise Magadur. ◂

Les attributs sont structurés dans un modèle relationnel basé sur la mise en évidence des dépendances fonctionnelles qui leur sont appliquées.

Définition

La **dépendance fonctionnelle** (DF) est établie entre deux attributs si la valeur du premier attribut (source) détermine la valeur du second (but) :

A1 (Nom Attribut Source) → A2 (Nom attribut But)

La dépendance fonctionnelle implique donc qu'à une valeur de A_1 on ne pourra associer, au plus, qu'une valeur de A_2. « Au plus » signifie zéro ou une et une seule valeur.

▸ Exemples

- NumCli → NomCli

La dépendance fonctionnelle est additive : A → B et A → C = > A → B, C.

• Si RefProd Désignation et Refprod ⟶ PUHT alors RefProd ⟶ Désignation, PUHT

La dépendance fonctionnelle est transitive : A ⟶ B et B ⟶ C entraînent A ⟶ C

• Si NumFact⟶ NumCli et NumCli ⟶ NomCli alors NumFact⟶ NomCli

Quand une source unique ne permet pas de relier un **attribut** aux autres, la DF peut avoir une source composée. Il convient de les repérer pour mettre en évidence ces dépendances fonctionnelles.

• Pour chaque facture de Magadur, sur chaque ligne de produit, on n'a qu'une quantité bien définie. La dépendance NumFact + RefProd ⟶ Quantité est donc vérifiée. ◀

Il est possible de regrouper toutes les **dépendances fonctionnelles** (DF) directes et composées ainsi que les DF transitives (indirectes) dans un graphe des DF qui représente les liens entre tous les attributs recensés dans le dictionnaire des données.

▶ **Exemple**

Le graphe correspondant au dictionnaire des données de Magadur est le suivant :

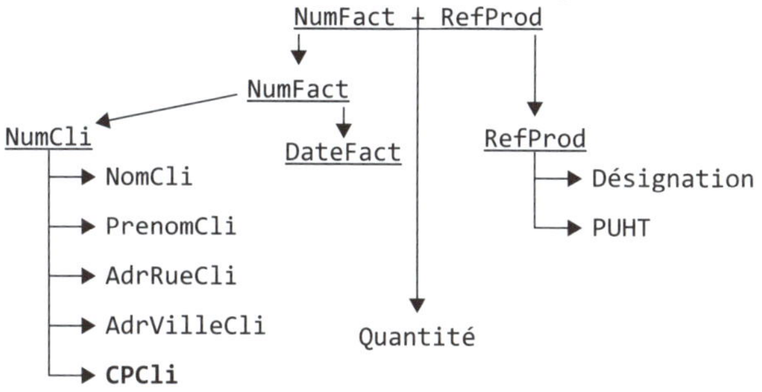

2 L'élaboration du modèle relationnel

Le modèle relationnel peut être élaboré à partir du graphe des DF.

A. La définition des relations

Définition

Un ensemble d'attributs ayant la même source de dépendance fonctionnelle, et donc associés de façon significative, constitue une **relation**, représentée par un tableau à deux dimensions ou par un schéma relationnel composé du nom de la relation, suivi de la liste des attributs qui la composent.

L'attribut source de DF est appelé « **clé primaire** » ; il est positionné en première position et souligné dans la présentation schématique.

▶ **Exemple**

Sous forme de schéma les attributs liés aux produits sont regroupés dans la relations suivante : PRODUIT (<u>RefProd</u>, Désignation, PUHT), ce qui sous forme de tableau devient :

RefProd	Désignation	PUHT
AV01	Avoine	6,5
…		

Si la clé primaire d'une relation est en dépendance fonctionnelle avec la clé primaire d'une autre relation, la clé primaire « BUT » devient une clé étrangère dans la relation dont la clé primaire est la « SOURCE » de la dépendance fonctionnelle. Chaque clé étrangère est le plus souvent signalée par un dièse (#). Elle est reprise dans la relation SOURCE, généralement à la suite des autres attributs. ◂

▸ **Exemple**

La reprise de la clé étrangère dans la relation source donne : FACTURE (NumFact, DateFact, #NumCli) ◂

B. La mise en œuvre du modèle relationnel

Le **modèle relationnel** regroupe toutes les **relations** du SI étudié, liées par les **clés étrangères**.

▸ **Exemple**

Le modèle relationnel construit à partir du graphe des dépendances fonctionnelles donne :
PRODUIT (RefProd, Désignation, PUHT)
FACTURE (NumFact, DateFact, #NumCli)
CLIENT (NumCli, NomCli, PrenomCli, AdrRueCli, AdrVilleCli, CPCli)
FACTURER (#NumFact, # RefProd, Quantité) ◂

La relation FACTURER possède une clé primaire composée qui découle des dépendances fonctionnelles, l'attribut « Quantité » ne pouvant être relié par une source unique.

Le modèle peut également être représenté sous la forme d'un graphique.

▸ **Exemple**

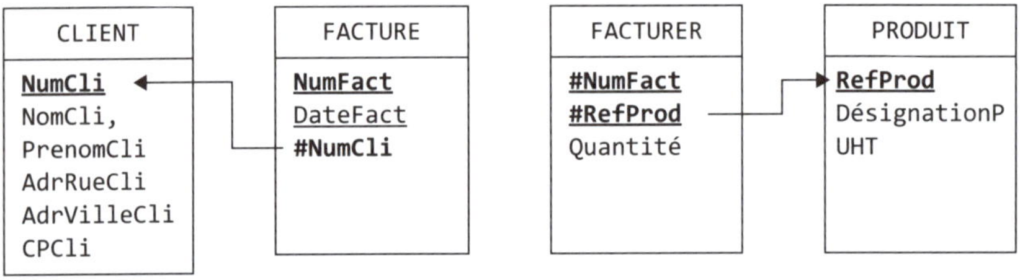

LE + DE L'EXPERT

- L'existence d'un attribut source de DF indique une relation dont cet attribut constitue la clé primaire.
- Une DF composée indique une relation, contenant éventuellement des attributs, dont la clé primaire est formée de tous les attributs combinés dans la source.
- Une dépendance fonctionnelle entre deux attributs source de DF révèle une clé étrangère (attribut but) dans la relation dont l'attribut source est la clé primaire.

23 La normalisation des relations

Mots-clés

Dépendance fonctionnelle • Forme normale • Relation • Relation universelle

1 La notion de normalisation

L'objectif de la normalisation est de structurer les données, sous forme de schémas relationnels, en appliquant des règles. Les schémas relationnels conduiront à l'implantation d'une base de données efficace, sans anomalies ni redondances inutiles.

Les données du dictionnaire – et donc tous les attributs de la future base – sont d'abord regroupées dans une **relation universelle** (RU).

▶ Exemple

Les attributs de la facture seront regroupés dans la relation universelle suivante :
RU (NumCli, NomCli, PrenomCli, AdrRueCli, AdrVilleCli, CPCli, NumFact, DateFact, RefProd, Désignation, PUHT, Quantité). ◀

Cette relation universelle est ensuite scindée et modifiée progressivement en trois étapes en appliquant une procédure qui consiste à tester les relations pour certifier qu'elles répondent à un standard que l'on nomme « **forme normale** ».

La forme normale est basée sur la notion de **dépendance fonctionnelle** (↪fiche 22) entre les attributs et en respecte les contraintes. Toutes les **relations** qui découlent de la relation universelle doivent être reliées ce qui conduira, éventuellement, lors de la normalisation, à l'ajout de clés étrangères.

2 Les étapes de normalisation

A. La première forme normale

Une relation en première forme normale (1FN) regroupe des attributs non décomposables et non multiples (atomiques) et une clé primaire, le plus souvent concaténée, source de dépendances fonctionnelles pour tous les autres attributs.

▶ Exemple

La RU ci-avant correspondra aux critères de la 1FN si le couple NumFact + RefProd est défini comme clé (primaire). Cette clé est soulignée pour la mettre en évidence :
RU (<u>NumFact, RefProd</u>, DateFact, NumCli, NomCli, PrenomCli, AdrRueCli, AdrVilleCli, CPCli, Désignation, PUHT, Quantité)
L'adresse est décomposée, le client n'a qu'un numéro de téléphone, les attributs sont atomiques. ◀

B. La deuxième forme normale

Une **relation** en 1FN est également en deuxième forme normale (2FN) si et seulement si tous les attributs « non clés » dépendent complètement de la totalité de la clé primaire et non seulement d'une partie.

Les dépendances partielles sont supprimées en scindant la relation universelle en plusieurs relations.

▶ Exemple

Dans la RU en 1FN comme l'attribut Désignation ne dépend pas du NumFact mais uniquement du RefProd il faut la diviser comme suit :
FACTURE (<u>NumFact</u>, DateFact, NumCli, NomCli, PrenomCli, AdrRueCli, AdrVilleCli, CPCli,)
FACTURER (<u>NumFact, RefProd</u> Quantité)
PRODUIT(<u>RefProd</u>, Désignation, PUHT) ◀

C. La troisième forme normale

Une relation en 2FN est également en troisième forme normale (3FN) si et seulement si tous les attributs « non clé » dépendent directement de la clé primaire. Les transitivités sont supprimées.

▶ Exemple

Seule la relation FACTURE contient des dépendances fonctionnelles transitives :
NumFact → NumCli et NumCli → NomCli, PrenomCli, AdrRueCli, AdrVilleCli, CPCli donc NumFact → NumCli, NomCli...
Elle n'est donc pas en 3FN, ce qu'il va falloir modifier en la scindant en deux relations et en mettant en évidence la transitivité par l'ajout d'une clé étrangère :
FACTURE (<u>NumFact</u>, DateFact, #NumCli)
CLIENT (<u>NumCli,</u> NomCli, PrenomCli, AdrRueCli, AdrVilleCli, CPCli) ◀

À l'issue de ce processus, les relations sont en 3FN. Toutes les redondances de données ont été supprimées et les dépendances fonctionnelles conservées sont élémentaires et directes.

LE + DE L'EXPERT

Il convient, pour parachever le modèle relationnel issu de la relation universelle de départ, de souligner les clés primaires et de repérer les clés étrangères par un #. On obtient le même modèle relationnel (↪ fiche 22) que celui du graphe. La normalisation est alors terminée.

24 Le temps dans le modèle relationnel

Mots-clés

Attribut • Clé primaire • Date • Dépendance fonctionnelle

1 La date est propre à un objet

Pour un objet précis, une seule date est possible. Il en résulte une **dépendance fonctionnelle** (↳ fiches 22 et 23) entre la **clé primaire** de la relation et l'**attribut** date.

▸ **Exemple**

La facture n° 1234 a été établie le 15 mai 2019. La date de la facture ne se rapporte qu'à cette seule facture. Cette facture ne se rapportant qu'à une seule commande, la relation nécessaire est : FACTURE (codeFacture, dateFacture, #numCommande) ◂

2 La date concerne plusieurs objets et l'événement ne survient qu'une seule fois

La **date** résulte de la mise en relation d'au moins deux objets différents. Cette mise en relation ne peut survenir qu'une seule fois. Si elle survient plusieurs fois, l'historique n'est pas conservé.

▸ **Exemple**

L'entreprise veut gérer ses chauffeurs qui sont agréés pour conduire différents types de véhicules (léger, deux essieux...) et conserver dans sa base de données la date à laquelle ils ont obtenu cette agrégation. Un chauffeur (Code + Nom) de l'entreprise conduit plusieurs types de véhicules (Code, désignation). La date d'agrégation dépend donc de deux objets différents : le chauffeur et le type de véhicule. Trois tables sont nécessaires pour modéliser la situation. Le graphe des DF permet de construire les différentes relations nécessaires :

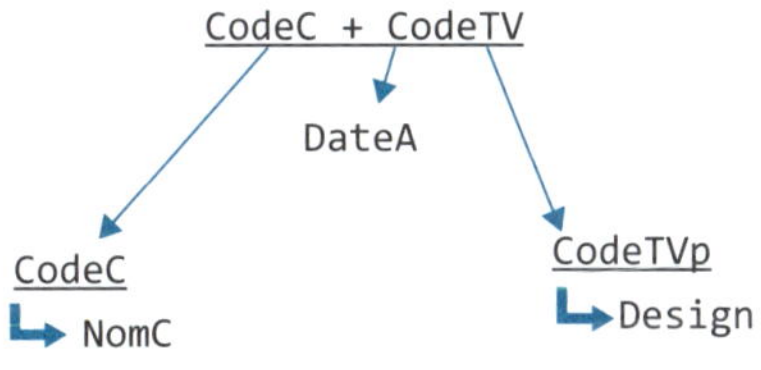


```
CHAUFFEUR (codeC, NomC, ...)
TYPEVEHICULE (codeTV, désign)
AUTORISER (#codeC+ #codeTV, DateA)
```

CHAUFFEUR		TYPEVEHICULE		AUTORISER		
CodeC	NomC	CodeTV	Design	#CodeC	#CodeTV	DateA
C1	Yves	TV1	Plat	C1	TV1	01/03/N–6
C2	Paul	TV2	Verre	C1	TV2	02/06/N–3

▸

CHAUFFEUR		TYPEVEHICULE		AUTORISER		
CodeC	NomC	CodeTV	Design	#CodeC	#CodeTV	DateA
				C2	TV1	01/01/N–8
				C2	TV2	10/07/N–7

Un chauffeur n'obtenant la même agrégation qu'une fois, un couple de même valeur (#NumC, #CodeTV) ne peut apparaître plusieurs fois dans la table AUTORISER. ◂

3 La date concerne plusieurs objets et l'événement peut survenir plusieurs fois

La date résulte de la mise en relation d'au moins deux objets. Cette mise en relation peut survenir plusieurs fois. Pour conserver l'historique, il faut intégrer la date dans la clé primaire afin de distinguer les différentes réalisations du même couple d'objets.

▸ Exemple (suite)

L'entreprise veut gérer ses fournisseurs et conserver dans sa base de données le prix des produits qu'ils proposent. Un fournisseur (code + raison sociale) de l'entreprise fournit plusieurs produits. Un même produit (code + désignation) peut être fourni par plusieurs fournisseurs. Le prix d'un produit (prixA) dépend donc de deux objets différents, le produit et le fournisseur. Mais le prix d'un produit proposé par un fournisseur peut changer au cours d'une période. Trois tables sont nécessaires pour modéliser la situation. Le graphe des DF permet de construire les relations nécessaires :

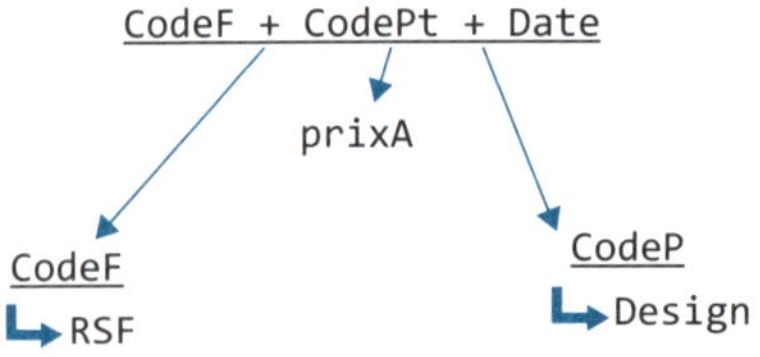


```
FOURNISSEUR (codeF, RSF, …)
PRODUIT (codeP, désign)
PROPOSER (#codeF+ #codeP+Date, prixA)
```

FOURNISSEUR		PRODUIT		PROPOSER			
CodeF	RSF	CodeP	Design	#CodeF	#CodeP	Date	PrixA
F1	BKing	P1	Plat	F1	P1	01/01/N	50
F2	McDo	P2	Verre	F1	P1	02/06/N	52
				F2	P2	01/01/N	15
				F2	P2	10/07/N	16

La clé primaire doit être unique, il ne peut exister de doublon. L'inclusion de la date dans la clé primaire permet de distinguer les différents prix du même produit proposé par le même fournisseur. ◂

LE + DE L'EXPERT

La prise en compte du temps dans un modèle relationnel entraîne parfois la création d'une table supplémentaire.

25 Les enrichissements du modèle relationnel

Mots-clés

Attribut • Clé primaire • Héritage • Table complémentaire • Table générique • Tuple

1 La gestion des attributs non renseignés

Une table possède de nombreux **attributs** non systématiquement renseignés, pour chaque **tuple** (collection d'éléments), lorsqu'elle est constituée d'objets non totalement homogènes.

Il est possible de limiter la présence de ces attributs non renseignés en mettant en œuvre le concept d'héritage. À partir d'une table générique contenant les données communes à tous les objets, il faut créer des tables complémentaires conservant les données propres à chaque objet. Les tables complémentaires « héritent » de la **clé primaire** de la **table générique**.

Définition

La notion d'**héritage** consiste à attacher systématiquement aux données communes d'une table générique des données spécifiques contenues dans des tables complémentaires, réduisant ainsi la présence d'attributs non renseignés.

▶ **Exemple**

Mat	NomP	DateEmb	SalM	DateDebM	DuréeM	Prime
Mat1	Bruton	25/09/N–3	5 000			
Mat2	Calico	12/10/N–3	2 000			
Mat5	Félicia		1 700	15/07/N	1 mois	170
Mat6	Iago		1 500	30/07/N	2 mois	320

Le personnel travaillant dans l'hôtel Beau Rivage est soit permanent soit saisonnier. Pour tous les personnels on enregistre le matricule (Mat), le nom (NomP) et le montant du salaire mensuel (SalM). Pour les salariés permanents, on conserve en plus la date d'embauche (DateEmb). Pour les saisonniers, on note la date du début de la mission (DateDebM), sa durée en mois (DureeM) et la prime (Prime) qu'ils vont percevoir à la fin de la mission. Si l'on crée une table PERSONNEL, elle devra comporter les champs suivants : Mat, NomP, DateEmb, SalM, DateDebM, DureeM et Prime. La table comportera de nombreuses valeurs non renseignées (voir ci-dessus).

La solution consiste à créer une table générique PERSONNEL ne contenant que les informations communes à tous les membres du personnel (Mat, NomP et SalM), puis deux autres tables complémentaires : la table PERMANENT qui contiendra les attributs spécifiques aux salariés permanents et la table SAISONNIER qui contiendra les attributs spécifiques aux salariés saisonniers. Le graphe des DF permet de construire les différentes relations nécessaires :

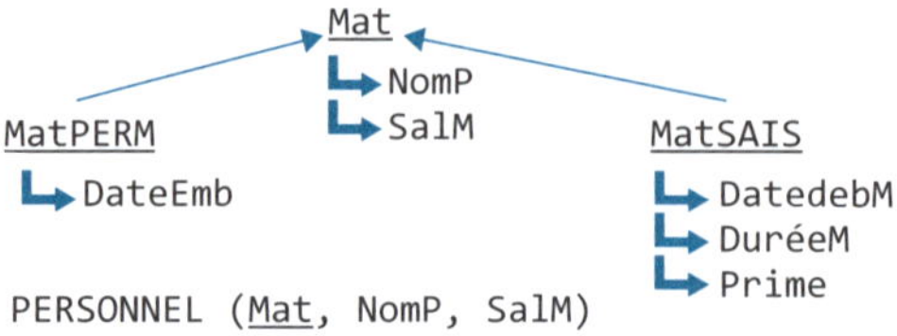


```
PERSONNEL (Mat, NomP, SalM)
PERMANENT (#MatPERM, DateEmb)
SAISONNIER (#MatSAIS, DateDebM, DuréeM, Prime)
```

Afin de rendre le modèle plus compréhensible, on peut indiquer dans les tables complémentaires le rôle des clés primaires (MatPERM = matricule du salarié permanent et MatSAIS = matricule du salarié saisonnier).

<table>
<tr><th colspan="3">PERSONNEL</th><th colspan="2">PERMANENT</th><th colspan="4">SAISONNIER</th></tr>
<tr><th>Mat</th><th>NomP</th><th>SalM</th><th>#Mat PERM</th><th>DateEmb</th><th>#Mat SAIS</th><th>Date-DebM</th><th>DuréeM</th><th>Prime</th></tr>
<tr><td>Mat1</td><td>Bruton</td><td>5 000</td><td>Mat1</td><td>25/09/N–3</td><td>Mat5</td><td>15/07/N</td><td>1</td><td>170</td></tr>
<tr><td>Mat2</td><td>Calico</td><td>2 000</td><td>Mat2</td><td>12/10/N–3</td><td>Mat6</td><td>30/07/N</td><td>2</td><td>320</td></tr>
<tr><td>Mat5</td><td>Félicia</td><td>1 700</td><td colspan="6" rowspan="2">Une représentation sous forme de tableau montre que la création des trois tables évite la présence de nombreux attributs vides. ◂</td></tr>
<tr><td>Mat6</td><td>Iago</td><td>1 500</td></tr>
</table>

2 La distinction des exemplaires d'un objet : l'identification relative

La clé primaire d'une relation peut, dans certaines situations, être définie par référence à une clé primaire d'une autre relation. Ainsi, lorsqu'un objet comporte plusieurs composants, la clé primaire du composant se réfère à celle de l'objet. Elle ne peut exister seule et, pour qu'elle soit unique, elle est concaténée avec celle de l'objet.

▸ Exemple

L'hôtel Beau Rivage comporte deux bâtiments (A et B) dans lesquels les chambres sont numérotées de 1 à 50. Deux chambres de l'hôtel portent le numéro 1, le numéro 2... Pour différencier chacune de ces chambres, il faut savoir dans quel bâtiment elles se trouvent, le plus simple étant d'accoler le numéro du bâtiment à celui de la chambre.
Un bâtiment est identifié par un code (CodeBat) et possède un nom (NomBat). Une chambre possède un numéro (NumChamb) et un nom (NomChamb).
Le graphe des dépendances fonctionnelles permet de construire les différentes relations nécessaires :

```
NumChamb ──────────────► CodeBat
 └► NomChamb              └► NomBat

BATIMENT (CodeBat, NomBat)
CHAMBRE (NumChamb, #CodeBat, NomChamb).
```

BATIMENT (CodeBat, NomBat)
CHAMBRE (NumChamb, #CodeBat, NomChamb).
Une représentation sous forme de tableau permet de vérifier que les clés primaires jouent bien leur rôle.

BATIMENT		CHAMBRE		
CodeBat	NomBat	NumChamb	#CodeBat	NomChamb
A	L'océan	1	A	Bleue Passion
B	L'estacade	2	A	Orange Tendre
		1	B	Vert Pâle
		2	B	Rose Bonbon

La clé primaire de la table CHAMBRE étant le résultat de la concaténation de NumCham + #CodeBat, les différentes chambres de l'hôtel ont bien une clé unique. ◂

3 La dépendance fonctionnelle entre une clé primaire concaténée et une clé étrangère

Lorsque trois objets sont en relation, l'un d'entre eux peut dépendre du couple constitué par les deux autres. La clé primaire concaténée du couple d'objets constitue la source de la dépendance fonctionnelle (↪ fiche 22) pointant vers le troisième objet.

▸ Exemple

L'hôtel Beau Rivage fait partie du groupe Estoril qui gère 18 établissements. Chaque hôtel comprend une soixantaine d'employés répartis dans six secteurs différents (administration, sécurité, restauration....). Dans chaque secteur d'un hôtel, un employé fait office de chef, il en est le responsable.
La base de données du groupe Estoril gère trois objets :
– un hôtel est identifié par un code (CodeH) et possède un nom (NomH) ;
– un secteur possède un numéro (NumSec) et un nom (NomSec) ;
– un employé est identifié par un matricule (Mat) et possède un nom (NomE).
Un hôtel de la base est concerné par plusieurs secteurs, un secteur se retrouve dans plusieurs hôtels. Mais, pour un couple hôtel/secteur, il n'y a qu'un seul employé responsable.
La réalisation du graphe des dépendances fonctionnelles permet de trouver la dépendance fonctionnelle qui s'instaure entre les trois objets.
Le couple (#CodeH, #NumSec) permet de déterminer le numéro de l'employé responsable (MatResp).

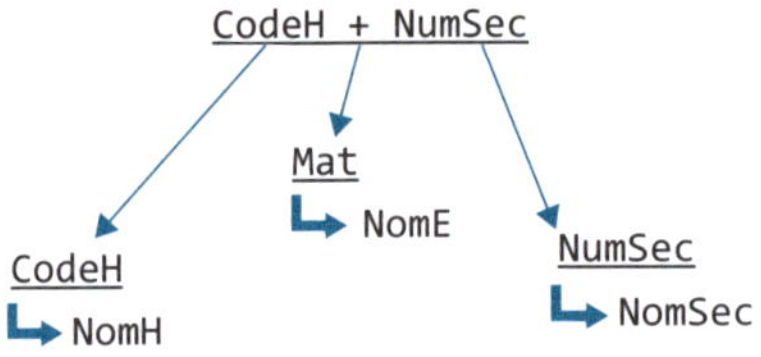

Les relations sont
SECTEUR (NumSec, NomSec)
EMPLOYE (Mat, NomE)
HOTEL (CodeH, NomH)
CONCERNER (#NumSec, #CodeH, #MatResp)

Une représentation sous forme de tableau permet de vérifier que les clés primaires jouent bien leur rôle.

SECTEUR		HOTEL		EMPLOYE		CONCERNER		
NumSec	NomSec	CodeH	NomH	Mat	NomE	#NumSec	#CodeH	#MatResp
S1	Administration	H1	Beau Rivage	M1	Pavel	S1	H1	M1
S2	Sécurité	H2	Le petit Cosy	M2	Nessus	S1	H2	M2
S3	Restauration	H3	Pink Hôtel	M3	Percy	S1	H3	M2
S4	Animation	H4	Hôtel Fabric	M4	Rico	S2	H1	M2
S5	Entretien	H5	Hotel 34B	M5	Sabor	S2	H2	M2

Un hôtel comprend plusieurs secteurs et un secteur concerne plusieurs hôtels. La création de la source concaténée (#CodeH, #NumSec) est justifiée. Un secteur ne pouvant être présent qu'une seule fois dans le même hôtel, un couple de même valeur (#CodeH, #NumSec) ne peut pas être répété dans la table. Ce couple permet de déterminer le matricule du responsable d'un secteur dans un hôtel (#MatResp). ◂

LE + DE L'EXPERT

Les enrichissement du modèle relationnel permettent de représenter les situations les plus complexes.

26 Les requêtes d'interrogation

Mots-clés

Clause • Fonction • Jointure • Prédicat • Regroupement • Requête • Restriction • Sélection • Sous-requête • Tri

1 Les requêtes sans calcul

A. Les grands principes

Une **requête** d'extraction de données d'une base relationnelle comprend *a minima* les **clauses** SELECT et FROM. Son résultat est une table contenant un ou plusieurs champs (colonnes). Six clauses peuvent se succéder en respectant obligatoirement l'ordre suivant :

```
SELECT… FROM… WHERE… GROUP BY… HAVING… ORDER BY…
```

Les requêtes d'extraction portent sur des données structurées par un schéma relationnel.

▶ Exemple

On considère ici le schéma relationnel (partiel) de l'entreprise de restauration Ty Billig :
CLIENT (<u>Num_cli</u>, désignation_cli, Adresse_rue_cli, Ville_cli, CP_cli, TelCli, Mail_cli)
COMMANDE (<u>Num_Com</u>, Date_Com, Date_Livraison, #Num_Client)
LIGNE_COMMANDE (<u>#Num_com, #Num_Menu</u>, Quantité)
MENU (<u>Num_Menu</u>, Nom_Menu, PrixHT_Menu) ◀

B. La projection : clauses SELECT et FROM

La clause SELECT choisit les champs (colonnes) à partir de tables spécifiées par la clause FROM selon le format général suivant :

```
SELECT champ1, champ2,… FROM Nom_Table ;
```

Un astérisque (*), ou opérateur étoile, indique que la clause porte sur tous les champs de la table.

▶ Exemple

Si l'on souhaite sélectionner toutes les données de la table MENU de Ty Billig, il faut écrire :
SELECT * FROM MENU ; ◀

Le mot Clé DISTINCT, combiné à la clause SELECT, élimine les doublons.

▶ Exemple

Pour sélectionner, sans doublons, la liste des désignations client de Ty Billig, on écrit :
SELECT DISTINCT désignation_cli FROM CLIENT ; ◀

C. Les restrictions : clause WHERE

Pour restreindre le résultat d'une interrogation à certaines lignes, on a recours à la clause WHERE associée à des conditions faisant appel à des prédicats de sélection selon le format suivant :

```
SELECT Champ1, Champ2,… FROM Nom_Table WHERE prédicat
```

Principaux prédicats

<table>
<tr><th>Prédicat</th><th>Action</th></tr>
<tr><td>Condition simple</td><td>Sélection à partir d’opérateurs de comparateurs arithmétiques (=, >, <, >=, <=, <>).</td></tr>
<tr><td colspan="2">Sélection des numéros des menus dont le prix est supérieur à 10 € :
SELECT Num_Menu FROM MENU WHERE PrixHT_Menu > 10 ;</td></tr>
<tr><td>LIKE</td><td>Comparaison sur une chaîne de caractères en en remplaçant certains, non déterminants ou inconnus, par des caractères-joker :
– le caractère « ? » (Access) ou « _ » (SQL-server) remplace un caractère ;
– le caractère « * » (Access) ou « % » (SQL-server) remplace une suite de caractères (éventuellement nulle). Une chaîne s’écrit entre guillemets français dans Access® ou entre quotes (guillemets anglais : ‘’) sur SQL-server.</td></tr>
<tr><td colspan="2">Sélection de toutes les données des menus comprenant le terme « été » dans leur nom ou dont la deuxième lettre du nom est un E par :
SELECT * FROM MENU WHERE Nom_Menu LIKE "*été*" OR Nom_Menu LIKE "? E*" ;</td></tr>
<tr><td>BETWEEN et AND</td><td>Vérification qu’une valeur se trouve dans un intervalle.</td></tr>
<tr><td colspan="2">Sélection des numéros des menus de TY Billig dont le prix est compris entre 10 et 15 € :
SELECT Num_Menu FROM MENU WHERE PrixHT_Menu BETWEEN 10 AND 15 ;</td></tr>
<tr><td>IN
(ou NOT IN)</td><td>Vérification qu’une valeur appartient (ou non) à une liste de valeurs.</td></tr>
<tr><td colspan="2">Sélection des numéros des menus de dont le prix n’est pas de 10, 11, 12 ou 13 € :
SELECT Num_MenuFROM MENUWHERE PrixHT_Menu NOT IN (10,11,12,13) ;</td></tr>
<tr><td>IS (NOT) NULL</td><td>Recherche d’une valeur renseignée (champ non vide) ou non (champ vide)</td></tr>
<tr><td colspan="2">Sélection des noms des clients (sans doublon) dont le code postal n’est pas renseigné
SELECT DISTINCT désignation_cli FROM CLIENTS WHERE CP_cli IS NULL ;</td></tr>
<tr><td>AND ou OR</td><td>Combinaison de critères, seule la première condition est précédée de la clause WHERE. On utilise ensuite les opérateurs logiques AND ou OR (ET ou OU) en insérant les parenthèses adéquates</td></tr>
<tr><td colspan="2">Sélection de tous les numéros des menus de TY Billig dont le prix est supérieur ou égal à 10 et inférieur à 15 € :
SELECT Num_Menu FROM MENU WHERE PrixHT_Menu >= 10 AND PrixHT_Menu < 15 ;</td></tr>
<tr><td>Paramètre [texte]</td><td>Saisie d’une valeur de sélection (paramètre) par l’utilisateur lors de l’exécution de la requête, le texte donne une indication qui s’affiche.</td></tr>
<tr><td colspan="2">Sélection des numéros des menus d’un prix déterminé lors de l’exécution de la requête :
SELECT Num_Menu FROM MENU WHERE PrixHT_Menu = [Quel prix désirez-vous ?] ;</td></tr>
</table>

D. Le tri : clause ORDER BY

Croissant	SELECT Nom_Champ FROM Nom_Table WHERE prédicat ORDER BY Nom_Champ ASC ; ASC est facultatif car le tri est croissant par défaut.
Décroissant	SELECT Nom_Champ FROM Nom_Table WHERE prédicat ORDER BY Nom_Champ DESC pour un ordre décroissant ;

Le tri peut être spécifié sur plusieurs champs séparés par des virgules.

▸ Exemple

Sélection de toutes les données des menus classés par prix décroissants :
SELECT * FROM MENU ORDER BY PrixHT_Menu DESC ; ◂

E. La jointure

Pour relier plusieurs tables dans une requête on effectue une **jointure** (mise en relation) par les champs « clé étrangère » et « clé primaire ».

FROM... WHERE	SELECT Champ1, Champ2,... FROM nom_table1, nom_table2 WHERE nom_table1.champ_table1 = nom_table2.champ_table 2 ;
JOIN	SELECT Champ1, Champ2,... FROM nom_table1 JOIN NOM_table2. ON nom_table1.champ_table1 = nom_table2.champ_table 2 ;

Pour lever les ambiguïtés (champ se trouvant dans plusieurs tables), le nom de la table est précédé du nom du champ selon le format : NomTable. NomChamp

Pour simplifier la rédaction des requêtes, il est possible d'identifier les tables par des alias.

▸ Exemple

La sélection des menus commandés (NUM_menu, Nom_Menu) s'écrit :
SELECT LIGNE_COMMANDE. Num_menu, Nom_Menu FROM LIGNE_COMMANDE, MENU WHERE LIGNE_COMMANDE. Num_Menu = MENU. Num_Menu ;◂

2 La création d'un champ calculé

Un calcul ou « champ calculé » peut être spécifié dans la clause SELECT.

A. Le calcul simple

Le calcul de base porte sur un ou plusieurs des champs concernés par la **requête**. Pour nommer le résultat obtenu, il est possible d'utiliser l'expression « AS » et un alias.

▸ Exemple

L'affichage du montant HT facturé par menu pour la commande 25 s'écrit :
SELECT M. Num_menu, PrixHT_Menu*Quantité AS [Total HT par menu CDE 25]
FROM LIGNE_COMMANDE LC, MENU M WHERE LC. Num_Menu = M. Num_Menu
AND Num_Com = 25 ; ◂

B. Le calcul avec fonctions sans restriction

Les fonctions les plus courantes sont : SUM, COUNT, MAX, MIN, AVG.

Quand la fonction s'applique à l'ensemble des valeurs d'un champ (colonne), il n'est pas nécessaire d'effectuer un **regroupement** de ces valeurs préalablement au calcul.

▶ **Exemple**

On affiche ainsi la quantité moyenne commandée :
SELECT AVG (Quantité) AS [Quantité moyenne commandée] FROM LIGNE_COMMANDE ;
La clause GROUP BY permet d'appliquer une fonction à un regroupement :

```
SELECT NomChamp1, Fonction(NomChamp2) FROM Table
GROUP BY NomChamp1 ;
```

▶ **Exemple**

On affiche aussi la quantité moyenne commandée par menu :
SELECT Num_menu, AVG (Quantité) AS [Quant moy commandée par menu]
FROM LIGNE_COMMANDE GROUP BY Num_menu ; ◀

Dès qu'un champ est affiché dans la clause SELECT à côté d'une fonction, un regroupement s'opère sur ce champ. Le recours à la clause GROUP BY s'impose.

C. Les calculs avec regroupements et restriction

La clause HAVING associée à la clause GROUP BY permet de restreindre l'affichage des résultats du regroupement selon une condition portant sur le regroupement lui-même, donc sur la **fonction** associée.

▶ **Exemple**

La liste des menus dont les quantités moyennes commandées sont supérieures à 10 est obtenue par : SELECT Num_menu FROM LIGNE_COMMANDE GROUP BY Num_menu HAVING AVG(Quantité) >10 ; ◀

D. Les requêtes imbriquées

La requête imbriquée applique une restriction portant sur le résultat d'une requête (interne) préalable portant éventuellement sur une fonction :

```
SELECT Champ1,… FROM Table
WHERE Champx OPERATEUR (SELECT Champx FROM… WHERE…) ;
```

IN ou NOT IN	La **sous-requête** génère plusieurs tuples.
=, >, < …	La sous-requête ne donne qu'une valeur (ex. : fonction agrégative appliquée à un champ sans regroupement).

Plusieurs niveaux d'imbrication peuvent coexister. Les **requêtes** s'exécutent alors en commençant par le niveau le plus interne.

LE + DE L'EXPERT

La clause WHERE restreint l'affichage à certaines lignes alors que HAVING le restreint aux valeurs calculées par la fonction sur laquelle porte le regroupement. Cette dernière clause est systématiquement suivie de la fonction et non d'un champ.

27 Les requêtes de mise à jour des données

Mots-clés

Clause • Insertion • Intégrité référentielle • Modification • Ordre • Requête • Restriction

1 Les principes généraux

Un utilisateur pourvu des droits nécessaires peut, à l'aide du langage SQL, insérer, modifier ou supprimer des données dans les tables. Ces **requêtes** sont des requêtes dites « action ». Les modifications sont illustrées à partir de l'extrait du schéma relationnel (↪fiche 22).

2 L'ajout de lignes dans une table

L'**ordre** INSERT permet d'insérer de nouvelles données dans une ligne de table. Le format de la requête d'**insertion** est le suivant :

```
INSERT INTO Nom_Table (nomchamp1, nomchamp2…)
VALUES (val1, val2…) ;
```

Lors de l'utilisation de cet ordre :

- La liste des noms de champs peut être omise si les valeurs introduites correspondent strictement au schéma de la table.
- La liste des valeurs de la clause VALUES doit correspondre exactement à la liste des champs (ordre, nombre, type).

▶ **Exemple**

Insertion du menu « 35 » (champ de type texte), « Buffet été terre et mer » dont le prix s'élève à 18 € :
INSERT INTO MENU VALUES ("35", "Buffet été terre est mer", 18) ;
Tous les champs de la relation et donc de la table sont repris sans qu'il y ait besoin de les préciser alors que la requête d'insertion du menu « 50 » (texte), prix « 22 » €, dont le nom n'a pas encore été défini, nécessite de stipuler les champs concernés comme suit :
INSERT INTO MENU (Num_Menu, PrixHT_Menu) VALUES ("50", 22) ; ◀

Il est possible d'insérer des données dans une table préalablement créée à partir de valeurs issues d'une autre.

▶ **Exemple**

La requête Insertion dans une table MENU_ETE, possédant la même structure que la table MENU, de tous les menus comprenant le terme « été » dans leur nom s'écrit :
INSERT INTO MENU_ETE SELECT * FROM MENU WHERE Nom_Menu LIKE "*été*"; ◀

3 La modification de lignes dans une table

L'**ordre** UPDATE permet de modifier des données présentes dans une table. Le format général de la requête de **modification** est le suivant :

```
UPDATE Nom_Table SET Colonne = Expression ou valeur WHERE
Condition ;
```

▸ **Exemple**

Pour augmenter les prix des menus de 2 %, l'ordre est le suivant :
UPDATE MENU SET PrixHT_Menu = PrixHT_Menu*1.02 ;
Attention le symbole décimal est le point car il correspond au format anglo-saxon. ◂

Une **restriction** (WHERE) est nécessaire quand seules certaines lignes doivent être modifiées.

▸ **Exemple**

Pour augmenter de 3 % uniquement les prix des menus comprenant le terme « été » dans leur nom, l'ordre est le suivant :
UPDATE MENU SET PrixHT_Menu = PrixHT_Menu*1.03 WHERE Nom_Menu LIKE "*été*" ; ◂

4 La suppression de lignes dans une table

A. Le format général

L'**ordre** DELETE permet de supprimer des données dans une table. Le format général de la requête de suppression est le suivant (le caractère * est facultatif) :

```
DELETE * FROM Nom_Table WHERE Condition ;
```

▸ **Exemple**

Suppression des données de la table MENU pour les menus dont le prix est supérieur à 50 € :
DELETE *FROM MENU WHERE PrixHT_Menu > 50 ; ◂

L'oubli de la **clause** WHERE provoque l'effacement de la totalité du contenu de la table (ce qui peut être souhaité dans certains cas).

▸ **Exemple**

Suppression de tous les menus avant la nouvelle saison :
DELETE * FROM MENU ; ◂

B. La contrainte d'intégrité référentielle

Définition

L'**intégrité référentielle** matérialise un lien entre deux tables dans la base imposant que toute valeur donnée à une clé étrangère existe, en tant que clé primaire, dans la table de référence.

Une contrainte d'intégrité référentielle entre deux tables empêche de supprimer les données de la clé primaire sans avoir supprimé, au préalable, les données correspondantes de la clé étrangère dans la table liée. Plusieurs requêtes doivent donc être rédigées.

LE + DE L'EXPERT

Avant de lancer une requête « action », effectuez toujours une sauvegarde complète de la base.

28 Le SGBDR : présentation

Mots-clés

Clé étrangère • Clé primaire • Contrainte d'intégrité référentielle • État • Formulaire • Requête • SGBDR • Table

1 L'application Access

Les applications de gestion recourent toutes à un système de bases de données dans lequel les données sont stockées de façon organisée. L'approche du système de gestion de bases de données relationnel (SGBDR) est réalisée à partir de l'application Access, développée par la société Microsoft.

Définition

Un **SGBDR** est une application capable d'administrer un ensemble de données organisées et liées entre elles qu'il est possible de compléter, de modifier, d'interroger et d'exploiter en fonction des besoins des utilisateurs.

Les fonctionnalités du SGBDR garantissent, tout au long du traitement, la cohérence des données même si celles-ci sont manipulées par plusieurs utilisateurs. La présentation de l'application Access est réalisée à partir de l'exemple ci-après.

▸ Exemple

Afin d'établir la facturation, l'entreprise Petigand utilise une base de données constituée de quatre tables : CATALOGUE qui répertorie les produits vendus par l'entreprise, CLIENTS qui regroupe les données sur les clients, COMMANDE qui enregistre les différentes commandes passées par les clients et DETAIL DES COMMANDES qui renseigne sur les produits vendus lors de chaque commande. L'ouverture de l'application génère l'apparition de la fenêtre suivante et la table CATALOGUE est développée.

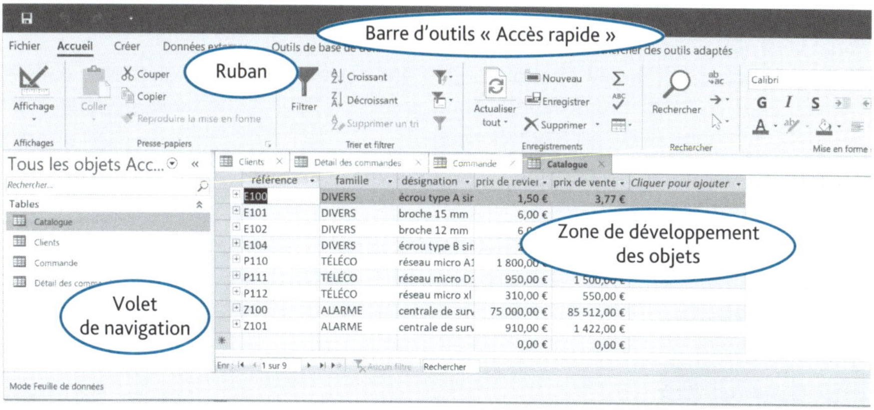

La fenêtre comporte différentes zones :

- La barre d'outils « Accès rapide » qui permet d'accéder à des commandes fréquemment utilisées.
- Le ruban qui regroupe sous des onglets les commandes de l'application.
- Le volet de navigation qui visualise les différents objets créés (tables, requêtes,...).
- La zone de développement des objets.

Les principaux onglets du ruban sont :

- FICHIER pour créer une nouvelle base de données, et enregistrer et paramétrer l'application.
- ACCUEIL qui comprend le paramétrage de la consultation des données enregistrées dans les tables.
- CRÉER qui regroupe les commandes permettant de paramétrer les différents objets (tables, requêtes, formulaires, état...).
- DONNÉES EXTERNES qui contient les commandes permettant d'importer ou d'exporter des données.
- OUTILS DE LA BASE DE DONNÉES qui comprend les commandes permettant d'établir les tables.

Chaque onglet comprend plusieurs boutons de commande, dont certains groupes proposent des options supplémentaires *via* le lanceur de boîte de dialogue. ◄

2 Les objets de la base

La gestion d'un SGBDR s'organise autour d'« objets » :

- Les **tables** et **formulaires** qui se rapportent à la saisie des données.
- Les **requêtes** et **états** qui servent à l'exploitation des données.

3 L'implémentation d'un schéma relationnel sous Access

A. La création des tables

Chaque relation du modèle relationnel doit entraîner la création d'une table dans le SGBDR. Pour ce faire, il faut définir les différents champs d'une table, préciser leurs propriétés et choisir la clé primaire de la table.

- La **zone 1** de la fenêtre de création permet de créer la structure de la table. Pour chaque type de champ, il est nécessaire d'inscrire son nom et de sélectionner un des types de données suivants :

Texte court	Jusqu'à 255 caractères (ex. : nom, adresse...)
Texte long	Jusqu'à 32 000 caractères
Numérique	Données numériques qui peuvent faire l'objet de calculs

►

Date/Heure	Date ou heure (plusieurs formats possibles)
Monétaire	Valeurs monétaires exprimées en euros.
NuméroAuto	Automatiquement incrémenté par l'application à chaque fois qu'un enregistrement est ajouté à une table
Calculé	Création d'une expression qui affiche le résultat d'un calcul faisant référence à d'autres champs de la même table

Le champ de la table (ou le groupe de champs) identifié comme clé primaire porte à sa gauche une icône figurant une clé.

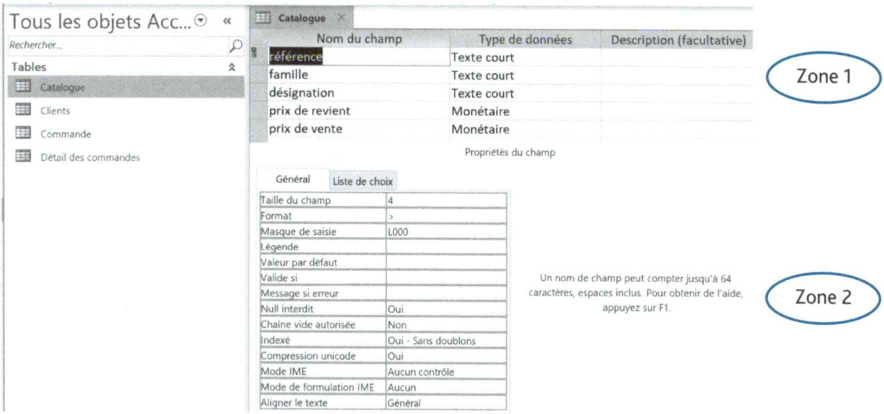

- La **zone 2** sert à compléter les propriétés (caractéristiques) d'un champ et à expliciter les contraintes de domaine (taille du champ, nombre de décimales, format pour les champs de type « Numérique », « Monétaire », « Date/Heure » ou « Calculé »). La propriété « Null Interdit » permet de rendre la saisie d'une valeur obligatoire.

▸ Exemple (suite)

La fenêtre de création de la table CATALOGUE de la base de données de Petigand montre, dans la zone 1, que cette table contient cinq champs : RÉFÉRENCE qui joue le rôle de la clé primaire, FAMILLE, DESIGNATION, PRIX DE REVIENT et PRIX DE VENTE. La zone 2 permet de préciser les propriétés du champ REFERENCE, sa taille est limitée à quatre caractères, un masque de saisie est précisé, le champ doit toujours être renseigné (Null Interdit) puisqu'il s'agit d'une clé primaire de la table. ◂

B. La mise en place une contrainte d'intégrité référentielle

Toutes les tables de la base de données doivent être reliées entre elles. Pour relier deux tables, il faut qu'elles aient un champ commun identique. La relation est établie par la **clé primaire** d'une table, qui devient **clé étrangère** dans une autre table.

La création des relations est possible dans l'onglet « Outils de base de données ». Afin de créer une relation, il suffit de cliquer sur la clé primaire source et de déplacer le curseur vers la clé étrangère cible. Les relations sont ensuite visualisées dans le cadre prévu à cet effet. L'application utilise la propriété « Indexé » précisant la clé primaire pour déterminer le type de relation.

Il est possible de créer trois types de relations :

- **Un à plusieurs** (1:n). Un enregistrement d'une table peut être relié à plusieurs enregistrements d'une autre table. C'est le type de relation le plus fréquent.
- **Un à un** (1:1). Un enregistrement d'une table peut être relié à un seul enregistrement d'une autre table.
- **Plusieurs à plusieurs** (n:n). Un enregistrement d'une table peut être relié à un seul enregistrement d'une autre table.

▸Exemple

La création des relations dans la base de données de Petigand aboutit au résultat suivant : Chaque clé étrangère constitue un lien entre des tables permettant d'exercer un contrôle de cohérence (contrainte d'intégrité référentielle) dans la base de données :

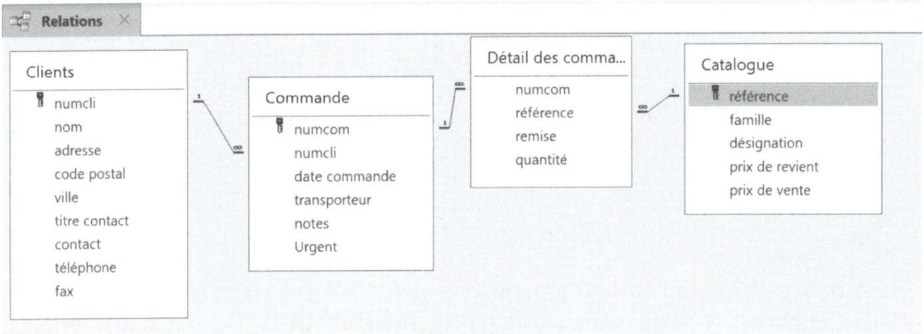

– aucune valeur de clé primaire ne peut être supprimée ou modifiée si elle est utilisée dans d'autres tables en tant que clé étrangère. Il s'agit de garantir la fiabilité des données ;
– toute nouvelle valeur de clé étrangère doit avoir été créée dans la table où elle joue le rôle de clé primaire, avant d'être mobilisée par une autre. Il s'agit d'éviter toute saisie incohérente. ◂

LE + DE L'EXPERT

L'utilisation d'un SGBDR permet, grâce à l'intégrité référentielle, de conserver la cohérence des données.

29 Le SGBDR : exploitation d'une base de données

Mots-clés

Contrainte d'intégrité référentielle • Fichier plat • Formulaire • Requête • Table

1 L'alimentation d'une base de données

Pour sécuriser les données, l'utilisateur ne doit pas pouvoir détruire le contenu des tables. Ainsi des droits d'accès définissant les types d'actions qui sont autorisés doivent-ils avoir été définis au préalable.

A. La saisie des enregistrements

La saisie de nouveaux enregistrements se fait directement dans la table affichée préalablement en mode « Feuille de données ». Il suffit de cliquer sur l'outil correspondant pour faire apparaître une nouvelle ligne dans la table.

▸ Exemple

Commande

numcom	numcli	date comma	transporteur	notes	Urgent
1	10	12/12/N			☑
2	11	12/12/N			☐
3	5	13/12/N			☐
4	3	13/12/N			☑
5	2		0		☐
(Nouv.)	0		0		■

Création d'un enregistrement complémentaire dans la table commande

Le type de données du champ NUMCOM étant « NuméroAuto », la création de la nouvelle commande commence au moment de la saisie du numéro du client qui a passé cette commande. La contrainte d'intégrité référentielle impose que ce numéro de client existe en tant que clé primaire dans la table client. ◂

B. L'importation des données

Les données insérées dans la base peuvent provenir de sources externes comme les feuilles d'un tableur ou les fichiers plats (format le plus universel pour échanger des données).

Définition

Un **fichier plat** (ou fichier texte) contient des données issues d'un tableau. Chaque ligne du tableau correspond à une ligne dans le fichier plat. Très compact, il est facilement transférable d'un utilisateur à un autre.

Sur une ligne, les données sont séparées à l'aide d'un caractère particulier (virgule, point-virgule, tabulation ou ligne verticale), en principe absent de la valeur des champs. Si on utilise comme séparateur le point-virgule, on obtient un fichier texte de format CSV (*Comma Separator Values*) au format européen.

Les fichiers plats permettent d'échanger des données entre des systèmes différents et, ainsi, de s'affranchir des formats de fichier propriétaires, souvent complexes et non reconnus par les autres logiciels.

Une fois l'importation terminée, les tables doivent être reprises pour préciser le type de chacun des champs, ses propriétés ainsi que le ou les groupes de champs qui serviront de clé primaire.

2 L'extraction des données de la base

A. Les requêtes

Les requêtes sont réalisées à partir d'une interface graphique nommée « Création de requête » (ou QBE) située dans l'onglet « Créer ».

La requête-sélection

L'interface QBE facilite l'écriture des requêtes.

▸Exemple

On souhaite afficher tous les clients qui habitent à Paris.

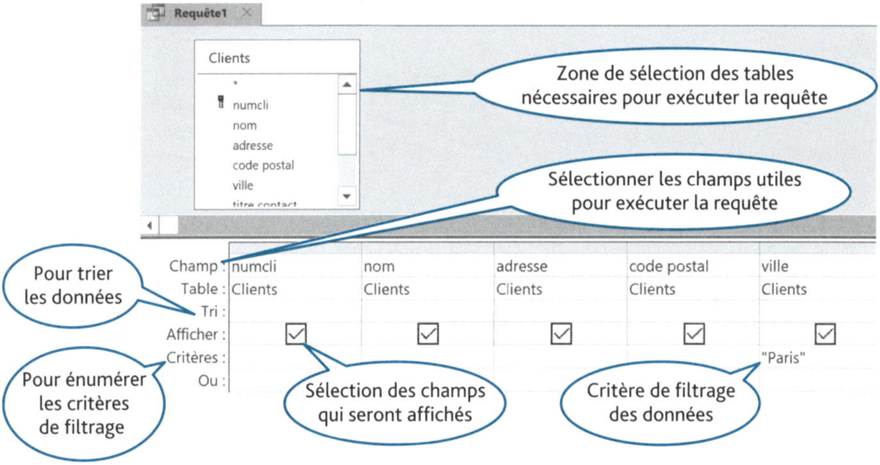

Résultat de requête :

Requête1

numcli	nom	adresse	code postal	ville
1	form alu	10 avenue du champ d	75008	PARIS
2	protect care	12 bd Hausman	75008	PARIS
5	barry black	22 rue du Gral De Gaul	75017	PARIS
9	fast go	8 Bd St germain	75010	PARIS
10	meche industrie	16 place mercue	75001	PARIS
11	nuclear coton	41 impasse perdue	75013	PARIS
12	beautiful crea	19 rue du bouchon	75001	PARIS

Cette requête permet d'afficher des données sélectionnées et triées à condition de respecter les consignes élémentaires (caractères à saisir mentionnés en gras).

Données sélectionnées	Consignes
Sélection des clients habitant Paris ou Boulogne	On écrit « **Paris** » ou « **Boulogne** » sur les lignes de critères dans la colonne du champ nommé Ville.
Sélection des clients qui n'habitent pas à Asnières	On écrit **Pas** « **Asnières** » sur la ligne de critères dans la colonne du champ nommé Ville.
Sélection des clients qui s'appellent Siprès OU des clients qui habitent à Paris	On écrit « **Siprès** » sur la ligne de critères dans la colonne du champ nommé Nom et « **Paris** » sur la ligne de critères suivante (marqué OU :) dans la colonne du champ nommé Ville. Si on écrit « **Siprès** » et « **Paris** » sur la même ligne, le requêteur ne sélectionne que les clients qui s'appellent Siprès ET qui habitent à Paris.
Sélection de tous les clients dont le nom commence par B	On écrit **Comme « B* »** sur la ligne de critères dans la colonne du champ nommé Nom.
Sélection de tous les clients qui habitent dans la Gironde (le code postal commence par 33)	On écrit **Comme « 33* »** sur la ligne de critères dans la colonne du champ nommé Code Postal.
Sélection de tous les clients dont la deuxième du nom est E	On écrit **Comme « ? E* »** sur la ligne de critères dans la colonne du champ nommé Nom.
Sélection de tous les clients dont le numéro est compris entre 2 et 10	On écrit **Entre 2 et 10** sur la ligne de critères dans la colonne du champ nommé numcli.
Sélection de tous les clients pour lesquels la ville n'est pas renseignée	On écrit **Est Null** sur la ligne de critères dans la colonne du champ nommé Ville.

La requête-sélection avec jointure

Cette requête permet d'afficher des données sélectionnées à partir de plusieurs tables.

▸ Exemple (suite)

On souhaite connaître le nom des clients qui ont passé une commande le 12/12/N. La date de la commande étant enregistrée dans la table COMMANDE et le nom du client figurant dans la table CLIENT, ces deux tables sont nécessaires et doivent être affichées dans la zone de sélection des tables.

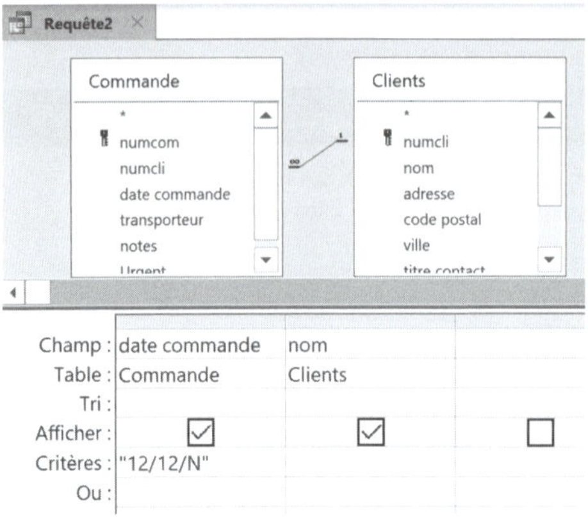

Résultat de requête :

Requête2

date commai	nom
12/12/N	meche industrie
12/12/N	nuclear coton

La requête de calcul sans regroupement (ou « requête-analyse croisée »)

Cette requête permet de faire des calculs sur les données de la base. Les principales fonctions d'agrégat disponibles sont : la somme, la moyenne, le maximum (« max. »), le minimum (« min. ») et le décompte.

La requête de calcul avec regroupement

Cette requête permet d'opérer des calculs sur les données de la base regroupées selon un critère et de renvoyer à titre de résultat un tableau à double entrée.

B. L'exportation de données

L'exportation vers un tableur permet d'utiliser la puissance de calcul de l'application et de mettre à profit sa souplesse pour analyser les données par l'intermédiaire de tableaux croisés dynamiques (↪ fiche 34) ou de graphiques. Si une table de la base de données est trop lourde, il faut passer par un fichier plat.

Les données de la base peuvent être exploitées par un traitement de texte pour réaliser un publipostage ou imprimer des étiquettes. Cette exportation est généralement exécutée à partir du résultat d'une requête car il n'est pas possible de ne sélectionner qu'une partie des enregistrements contenus dans une table.

LE + DE L'EXPERT

Le fichier plat est un format très utile regroupant toutes les lignes d'un tableau sans mise en forme. Très compact, il est facilement transférable d'un utilisateur à un autre, sans risque de perte de lisibilité.

30 Le tableur : généralités

Mots-clés

Cellule • Classeur • Feuille de calcul • Formule • Nom • Plage de cellules • Référence

1 Les grands principes

A. Les classeurs et les feuilles de calculs

Définition

Le tableur est un progiciel qui gère des **feuilles de calcul** (des tableaux à deux dimensions) composées de **cellules** (intersections d'une ligne et d'une colonne) où sont rangées des informations.

Les feuilles de calcul sont regroupées dans des **classeurs**, chaque classeur contenant des feuilles liées entre elles.

B. Les composantes de la feuille de calcul Excel

Une feuille de calcul présente principalement trois zones :

- un quadrillage représentant les cellules de la feuille, où sont placés données et calculs ;
- une ligne d'édition, sur laquelle apparaît le détail du contenu de la cellule active à un moment donné comme par exemple une formule de calcul ;
- un bandeau regroupant les menus donnant accès aux fonctionnalités du tableur.

2 Les formules de calcul

Tout traitement contenu dans la **feuille de calcul** nécessite de sélectionner la ou les **cellules** concernées puis de choisir l'action à effectuer.

Une cellule est repérée par ses coordonnées (ligne et colonne).

Une **plage de cellules** est repérée par les coordonnées de ses cellules extrêmes.

▸ Exemple

Cellule B5, plage C2:D10 correspond aux cellules C2, C3,… C10, D2, D3,…, D10. ◂

A. Les caractéristiques des formules de calcul

Une **formule** de calcul commence toujours par le signe « = », fait généralement appel à des opérateurs arithmétiques et fait souvent référence à d'autres cellules.

Les formules de calcul peuvent intégrer des fonctions.

▸ Exemples

= A2*5 effectue la multiplication de la valeur de la cellule A2 par 5

= SOMME(C10:C12) fait référence à une fonction qui calcule la somme de la plage C10:C12. ◂

Toute évolution du contenu d'une cellule entraîne la modification automatique du résultat des calculs qui y font référence.

B. Les références absolues, relatives ou mixtes

Lors de la copie d'une formule, les références à des cellules contenues dans cette dernière sont adaptées en fonction du décalage entre la cellule d'origine et la ou les cellules de destination (translation des références).

Pour éviter toute modification des formules, il faut faire précéder l'indice de ligne et/ou de colonne des cellules concernées par le symbole de référence absolue « $ ».

▶ Exemples

La recopie d'une formule implantée en A1 (=B1+$B1+B$1+$B$1) vers C3 (=D3+$B3+D$1+$B$1) donne :

A1	→	C3	Type de référence
B1	→	D3	Relative, ligne et colonne se décalent
$B1	→	$B3	Colonne absolue, ligne relative, seule la ligne se décale
B$1	→	D$1	Colonne relative, ligne absolue, seule la colonne se décale
$B$1	→	$B$1	Colonne absolue, ligne absolue, aucun changement

C. La notion de nom ou de plage de cellules

Une cellule ou une **plage de cellules** peut être nommée pour y faire référence sans craindre un décalage intempestif, tout en améliorant la lisibilité des formules concernées. Le recours à des noms permet également de retrouver plus facilement les erreurs.

Pour créer un **nom**, il est possible d'utiliser le gestionnaire de noms du menu Formules ou de l'implanter directement dans la zone à gauche de la zone Fonction.

La définition d'une zone nommée attribue le caractère absolu à toutes les références de la zone. Ce nom est alors utilisable à la place de la référence à la cellule ou à la plage de cellules.

▶ Exemple

Si l'on nomme VENTES la plage B2:B6, la formule = SOMME(B2:B6) implantée en B7 pourrait s'écrire = SOMME(VENTES). Dans ce cas, elle ne pourrait plus être recopiée en D7.
On peut également nommer une valeur, quand on veut y faire référence, sans l'implanter dans les formules de calcul. Ceci est particulièrement utile pour des paramètres comme le taux de TVA. ◀

LE + DE L'EXPERT

Utiliser des références absolues, relatives ou mixtes ou avoir recours à des noms de façon performante et cohérente, tout en anticipant les copies éventuelles, est un impératif professionnel.

31 Le tableur : fonctions courantes

Mots-clés

Argument • Condition • Fonction

1 La structure des fonctions de base

A. La forme générale d'une fonction

La forme générale d'une **fonction** est :

```
= Nom_fonction(argument1;argument2;…)
```

L'**argument** peut être une référence à une cellule ou à une plage de cellules, à une valeur ou à une autre **fonction** ou expression.

▸ Exemples

La fonction SOMME évite de devoir exprimer les additions en détail.
« = AUJOURDHUI() » est une fonction sans argument, qui fournit la date du jour. ◂

B. Les fonctions de base

En gestion, on a souvent recours aux mêmes fonctions.

Fonction	Exemple	Description
SOMME	=SOMME(B10:B15)	Effectue la somme des valeurs numériques comprises dans la plage B10:B15 (les cellules vides ou contenant du texte sont ignorées).
MOYENNE	=MOYENNE(B10:C12)	Effectue la moyenne des valeurs numériques situées entre B10 et C12 (les cellules vides ou contenant du texte sont ignorées)
MIN	=MIN(B10:B15)	Affiche la valeur minimale de la plage citée.
MAX	=MAX(B10:B15)	Affiche la valeur maximale de la plage citée
NB	=NB(B10:B15)	Détermine le nombre de cellules de la plage citée contenant des nombres
NBVAL dénombre les cellules d'une plage contiennent une valeur, NB. VIDE, celles qui sont vides.		
ARRONDI	=ARRONDI(B6;3) =ARRONDI(MOYENNE(B10:C12);1)	Arrondit la valeur de la cellule B6 à trois chiffres après la virgule. Arrondit à une décimale la moyenne calculée.
Autres fonctions d'arrondis : ARRONDI. SUP, ARRONDI. INF, qui arrondissent une valeur à la valeur supérieure ou inférieure		
SOMMEPROD	=SOMMEPROD(A1:A3;B1:B3)	Calcule "A1*B1+A2*B2+A3*B3"

Les fonctions de calcul ignorent les cellules qui ne contiennent pas de valeur numérique.

2 Les fonctions logiques

A. La fonction « SI »

La fonction « SI », très utilisée en gestion, permet de réaliser une alternative et s'écrit ainsi :

```
= SI(expression de condition; action ou valeur si VRAI; action ou valeur si FAUX)
```

▸ Exemples

= SI(A10>300;A10*B1 ; « Pas de réduction »)
Si la valeur en A10 est supérieure à 300, alors le calcul A10*B1 est effectué. A défaut, le message « Pas de réduction » s'affiche dans la cellule qui contient le « SI ». ◂

Plusieurs fonctions « SI » peuvent être imbriquées.

▸ Exemple

Le tableau suivant présente le calcul des commissions de l'entreprise Huet :

C6 | fx = SI(B6<=$F$2;$G$2;SI(B6<=$F$3;$G$3;$G$4))

	A	B	C	D	E	F	G
1	**Données** relatives aux Tranches de CA						Taux de commission
2	Tranche 1	0	<	CA	≤	15 000 €	2.0%
3	Tranche 2	15 000 €	<	CA	≤	30 000 €	4.0%
4	Tranche 3	30 000 €	<	CA			5.5%
5	Nom	CA	Taux	Commission			
6	Zoé	45 000 €	5.5%	2 475 €			
7	Thelma	12 000 €	2.0%	240 €			

La formule à implanter en C6 est : « = SI(B6<= $F$2;$G$2 ; SI(B6<= $F$3;$G$3;$G$4)) ». Elle est ensuite recopiée vers le bas. ◂

Pour éviter les messages d'erreur, la fonction « ESTVIDE » est fréquemment associée à une fonction « SI ».

▸ Exemple

« = ESTVIDE(A6) » renvoie « VRAI » si la cellule A6 est vide la « FAUX » dans le cas contraire.
La formule implantée en C6 devient :
=SI(ESTVIDE(A6);"";(B6<= $F$2;$G$2;SI(B6<= $F$3;$G$3;$G$4))) ◂

B. Les fonctions « ET » et « OU »

La fonction « SI » peut porter sur plusieurs conditions combinées et associées par le recours aux fonctions « ET » et « OU » dont le format est le suivant :

```
ET(Condition1;Condition2;...ConditionN)
OU(Condition1;Condition2;...;ConditionN)
```

Les fonctions combinées et associées renvoient une valeur « VRAI » ou « FAUX » selon que la combinaison est satisfaite ou non.

▶ **Exemples**

=SI(OU(B3="Initiation";H3<18);"Bonnet";"Lunettes")
Cette formule affiche « Bonnet » si la cellule B3 contient la valeur « Initiation » ou si la cellule H3 contient une valeur inférieure à 18. À défaut, elle affiche le texte « Lunettes ». ◀

C. Les autres fonctions logiques

Certaines fonctions effectuent des calculs sous une ou plusieurs conditions.

Calculs sous condition

Une seule condition	
SOMME.SI : Effectue la somme des cellules d'une plage répondant à une certaine condition, obligatoirement placée entre guillemets.	
=SOMME.SI(C4:C8;"<15")	Somme des valeurs inférieures à 15 de la plage C4:C8
=SOMME.SI(C4:C8;20;D4:D8)	Somme des valeurs de la plage D4:D8 pour lesquelles les cellules correspondantes de la plage C4:C8 contiendront la valeur numérique 20.
On dispose de même des fonctions **MOYENNE.SI, NB.SI**…	
Plusieurs conditions	
SOMME.SI.ENS : Effectue la somme des cellules d'une plage en appliquant plusieurs conditions simultanément	
=SOMME.SI.ENS (C2:C8; A2:A8;">10";A2:A8;"<15")	Somme des valeurs de la plage C2:C8 pour lesquelles les cellules correspondantes de la plage A2:A8 contiennent des valeurs supérieures à 10 et inférieures à 15
Sur le même schéma, **MOYENNE.SI.ENS** effectuera une moyenne et **NB.SI.ENS** un dénombrement sous conditions	
=MOYENNE.SI.ENS (C2:C8; A2: A8;">10"; B2:B8; "France")	Moyenne des valeurs de la plage C2:C8 pour lesquelles les cellules correspondantes de la plage A2:A8 contiennent des valeurs supérieures à 10 et inférieures à 15 et pour lesquelles les cellules correspondantes de la plage B2:B8 contiennent la valeur « France ».
Plusieurs conditions	
=NB.SI.ENS(A2:A8;"<15"; D2:D8;"nouveau client")	Dénombrement des cellules de la plage A2:A8 qui contiennent des valeurs inférieures à 15 et pour lesquelles les cellules correspondantes de la plage D2:D8 contiennent la valeur « nouveau client ».

Dans une fonction SOMME.SI la plage à additionner est située dans le dernier argument alors que, dans une fonction SOMME.SI.ENS, elle se trouve dans le premier argument.

D. Les fonctions portant sur les dates

Toute date est mémorisée en nombre de jours écoulés depuis le 01/01/1900. Une différence de dates fournit donc un nombre de jours. Certaines fonctions portent sur des dates.

`DATE, ANNEE, AUJOURDHUI, JOURS360...`

▸ Exemple

A1 affiche "12/11/2020", = ANNEE (A1) revoie la valeur 2020

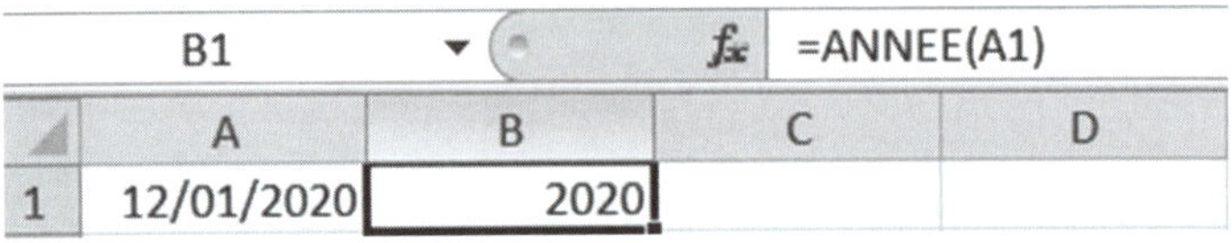

LE ✚ DE L'EXPERT

Dans une formule imbriquant des fonctions « SI », « OU », « ET », placez de préférence les fonctions « ET » et « OU » dans le premier argument de la fonction « SI ».

32 Le tableur : fonctions d'information et de gestion des erreurs

Mots-clés

Fonction • Fonction logique

1 Les fonctions d'information « EST »

Les fonctions « EST » sont utiles pour tester le contenu de cellules. Elles ne contiennent qu'un seul argument qui est donc obligatoire. Cet argument est une valeur à tester.

Les fonctions « EST » sont souvent associées à une fonction SI pour renvoyer un message pertinent et/ou effectuer un calcul sous condition.

Fonctions d'information les plus courantes

ESTVIDE	Renvoie VRAI si l'argument valeur est vide
ESTERREUR	Renvoie VRAI si l'argument valeur fait référence à une valeur d'erreur
ESTNA	Renvoie VRAI si l'argument valeur fait référence à la valeur d'erreur #N/A
ESTNUM	Renvoie VRAI si l'argument valeur représente un nombre
ESTREF	Renvoie VRAI si l'argument valeur est une référence
ESTTEXTE	Renvoie VRAI si l'argument valeur se présente sous forme de texte

▸ **Exemple**

L'association Vinyasa souhaite gérer ses salles de réunion

C2 | fx | =ESTNUM(B2)

	A	B	C	D
1	Catégorie Salle	Capacité d'accueil	capacité connue VRAI/FAUX	capacité inconnue VRAI/FAUX
2	Secrétariat	Inconnu	FAUX	VRAI
3	Yoga	23	VRAI	FAUX
4	Arts plastiques	30	VRAI	FAUX
5	Comptabilité	inconnu	FAUX	VRAI

= ESTNUM(B2), implanté en C2, affiche VRAI si C2 contient une valeur numérique et FAUX dans le cas contraire. B2 contient du texte (inconnu) donc la fonction renvoie FAUX. ◂

2 La fonction « SIERREUR »

La fonction « SIERREUR » est une **fonction logique (↪ fiche 31)**, de portée générale, qui permet de traiter toutes les erreurs renvoyées par le tableur. Sa syntaxe est la suivante :

```
= SIERREUR(Valeur_testée;Valeur_si_erreur)
```

Valeur testée	Formule, référence donnée, renvoyée s'il n'y a pas d'erreur.
Valeur_si_erreur	Message affiché alertant l'utilisateur sur le type d'erreur.

LE + DE L'EXPERT

La fonction de gestion des erreurs est fréquemment utilisée pour gérer les informations à renvoyer à l'utilisateur quand des fonctions de recherche sont mobilisées (**↪ fiche 33**).

33 Le tableur : fonctions de recherche

Mots-clés

Imbrication • Information • Fonction « recherche » • Table • Valeur proche

1 La fonction de recherche à forme générale

La forme générale de la fonction « RECHERCHE » est :

```
= RECHERCHE(valeur à chercher;liste où l'on recherche;liste
de résultats)
```

La **fonction « recherche »** générale cherche une valeur dans une liste de recherche (colonne ou ligne) et renvoie une valeur située à la même position dans une liste de résultats (colonne ou ligne).

▸ Exemple

Dans le tableau qui suit, le taux de remise du client « SA Legrand » placé en C6 peut être déterminé directement par la formule = RECHERCHE(C4;F3:H3;F4:H4).

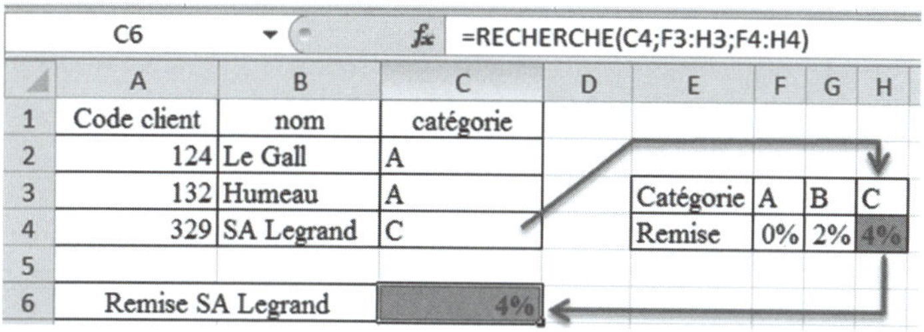

Les listes peuvent avoir des directions différentes, horizontales ou verticales.

2 Les fonctions de recherche verticale et horizontale

A. La fonction « RECHERCHEV »

La fonction « RECHERCHEV » consiste à chercher verticalement une valeur spécifiée dans la première colonne d'une table et à affiche la valeur correspondante dans une autre colonne, et ce de façon exacte ou approchée.

La syntaxe de la fonction « RECHERCHEV » est la suivante :

```
= RECHERCHEV(Valeur_cherchée;Table_matrice;Numéro_colonne;Valeur_proche)
```

- Valeur_cherchée : Valeur que l'on va rechercher dans la première colonne de la table
- Table_matrice : Table de données dans laquelle on effectue la recherche
- Numéro_colonne : Numéro de la colonne dans laquelle se trouve la valeur que l'on recherche
- Valeur_proche : Permet de faire une recherche exacte (VRAI) ou approchée (FAUX)

Quatrième argument « Valeur_proche(VRAI/FAUX)

VRAI	Recherche la valeur précisée ou, à défaut, la première valeur immédiatement inférieure à la valeur cherchée ce qui permet des recherches par tranche.
FAUX	Une recherche exacte est effectuée si la valeur n'est pas trouvée la fonction renverra le message d'erreur « #N/A ».

▸ Exemple

On désire afficher en B2 le nom d'un salarié que l'on recherche dans une table (D$2:$F$4) à partir de son matricule implanté en B1. Le nom se trouve dans la colonne numéro 2.

B2 =RECHERCHEV(B1;$D$2:$F$4;2;FAUX)

	A	B	C	D	E	F
1	Matricule	HE-512		Matricule	Nom	Prénom
2	Nom	Tholas		HE-511	Herbert	Gaelle
3				HE-512	Tholas	Bertrand
4				FG-513	Garcia	Flora
5			Sens de la		Colonne 2 : données	
6			recherche		correspondantes	

La recherche s'effectuera de façon exacte (quatrième argument FAUX) puisque les matricules ne sont pas classés par ordre alphabétique.

B. La fonction « RECHERCHEH »

Lorsque vous utilisez la fonction « RECHERCHEH », la mobilisation des arguments est identique. Le troisième argument indiquera l'index de la ligne à partir de laquelle la donnée correspondante sera renvoyée et non plus celui de la colonne.

▸ Exemple

Recherche du taux de ristourne de l'entreprise Gallo :

B3 =RECHERCHEH(B2;E2:H3;2;VRAI)

	A	B	C	D	E	F	G	H	I	J
1	Nom	Gallo		ristournes en fonction du CA (tranches)						
2	CA	125 000	Sens de la	Seuils	0	50 000	100 000	150 000	Ligne 2 : données	
3	Taux	0.92%	recherche	Taux	0.75%	0.80%	0.92%	0.99%	correspondantes	
4										

Le quatrième argument doit être « VRAI » ou omis car il s'agit d'une recherche par tranches. ◂

Dans certains contextes, il est nécessaire d'omettre le quatrième argument ou d'insérer VRAI : travaux sur des dates, des intervalles (âge, tranches d'imposition…).

Dans d'autres contextes, il est indispensable d'utiliser le quatrième argument : tri non croissant de la matrice du deuxième argument ou vérification d'une saisie effectuée par ailleurs.

3 Les fonctions de recherche précise

A. La fonction « INDEX »

La fonction « INDEX » consiste à effectuer une recherche dans un tableau à l'intersection d'une ligne et d'une colonne.

La syntaxe de la fonction « INDEX » est la suivante :

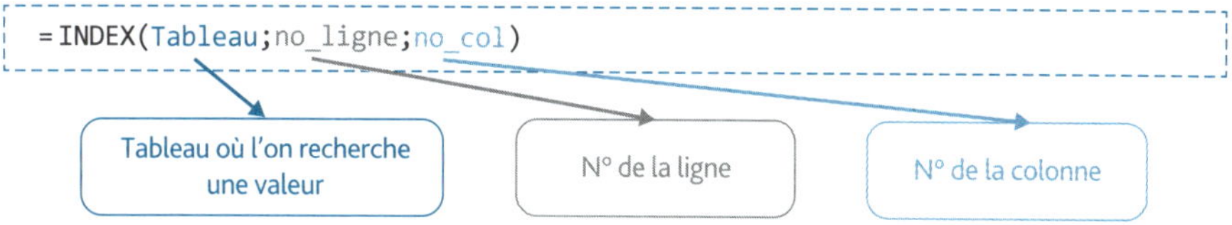

▸ Exemple

= INDEX($E$3:$F$5;2;1) recherche dans la table $E$3:$F$5, à l'intersection de la ligne 2 et de la colonne 1, le prix d'une jupe en stock.

B2 — =INDEX($E$3:$F$5;2;1)

	A	B	C	D	E	F
1	article	Jupe		Données		
2	Prix	45		Produit	Prix	Qté
3				chemise	30	200
4			Ligne 2	jupe	45	300
5				pantalon	55	150
6					Colonne 1	

B. La fonction « EQUIV »

Les index de numéros de ligne et de colonne peuvent être paramétrés à l'aide des fonctions « EQUIV » ou « RECHERCHE ».

EQUIV recherche une valeur spécifique dans une plage de cellules, puis renvoie sa position relative (numéro de ligne ou de colonne) dans la plage selon la forme suivante :

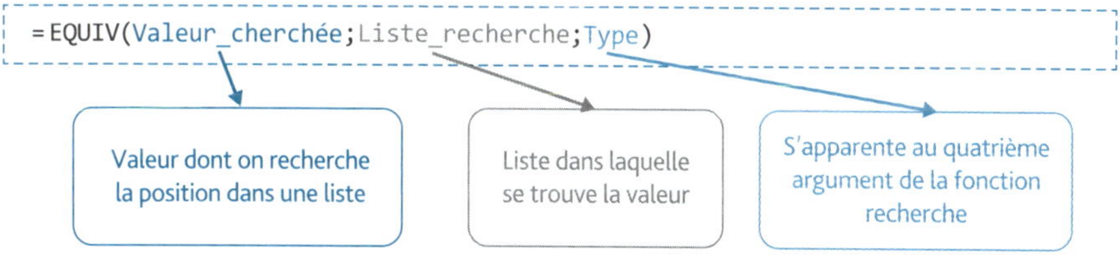

Le « Type » (facultatif) effectue une correspondance exacte (0), cherche une valeur strictement inférieure ou égale (1 ou omis) ou strictement supérieure à la valeur cherchée (–1). 1 (ou omis) et –1 permettent des recherches par tranches.

▸ **Exemple**

=INDEX($E$3:$F$5;EQUIV(B1;$D$3:$D$5;1);EQUIV(A2;$E$2:$F$2;1)) permet de retrouver le prix de la jupe en stock. ◂

4 L'imbrication des fonctions de recherche

Les fonctions RECHERCHE V où H, INDEX et EQUIV peuvent s'imbriquer et se compléter selon le format suivant :

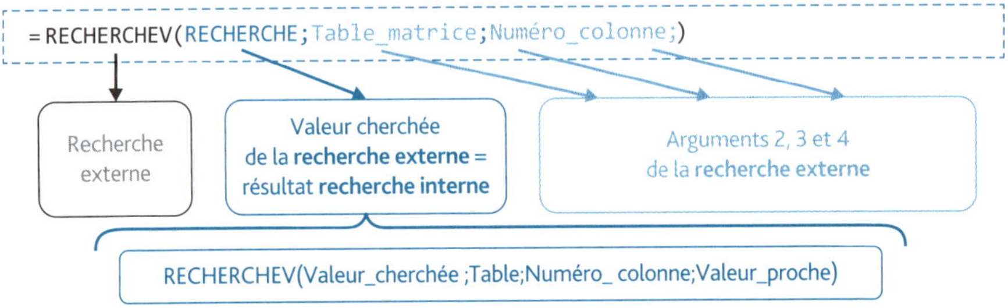

La recherche interne (dans une première table) donne un résultat qui devient le premier argument de la recherche externe qui s'effectue alors dans une autre table.

On peut également imbriquer plusieurs fonctions « RECHERCHEV » mais aussi des « RECHERCHE », « RECHERCHEH », « EQUIV », « INDEX »...

▸ **Exemple**

On souhaite déterminer la rémunération horaire en euros dans une feuille « Intervention » :

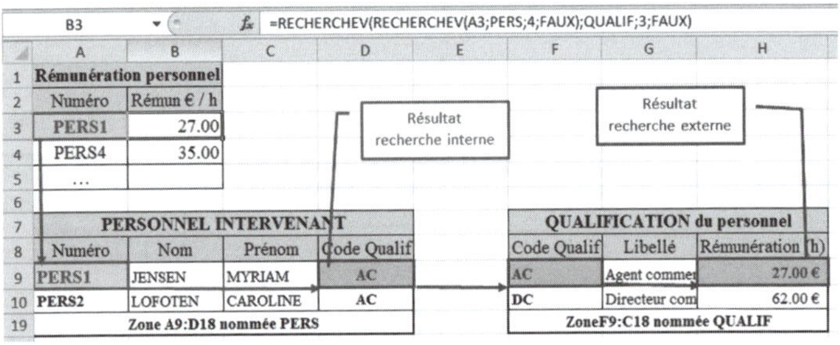

B3 =RECHERCHEV(RECHERCHEV(A3;PERS;4;FAUX);QUALIF;3;FAUX)

	A	B
1	Rémunération personnel	
2	Numéro	Rémun € / h
3	PERS1	27.00
4	PERS4	35.00
5	...	

	A	B	C	D
7	PERSONNEL INTERVENANT			
8	Numéro	Nom	Prénom	Code Qualif
9	PERS1	JENSEN	MYRIAM	AC
10	PERS2	LOFOTEN	CAROLINE	AC
19	Zone A9:D18 nommée PERS			

F	G	H
QUALIFICATION du personnel		
Code Qualif	Libellé	Rémunération (h)
AC	Agent comme	27.00 €
DC	Directeur com	62.00 €
ZoneF9:C18 nommée QUALIF		

La recherche est effectuée à partir des tables PERS et QUALIF. Le numéro du personnel permet de chercher le code de la qualification qui permet de trouver la rémunération horaire :
= RECHERCHEV(RECHERCHEV(A3;PERS;4;FAUX);QUALIF;3;FAUX)
On pourrait paramétrer les index de colonne avec la fonction « EQUIV ». ◂

LE + DE L'EXPERT

Les fonctions d'information « SIERREUR » (↪ **fiche 32**) ou « ESTNA » (associée à une fonction « SI ») combinées aux fonctions « RECHERCHE » permettent d'anticiper les erreurs de saisie et d'envoyer un message pertinent à l'utilisateur.

34 Le tableur : outil d'aide à la décision

Mots-clés

Donnée source • Filtrage • Graphique • Tableau croisé dynamique • Tri

1 Les tableaux

L'outil « tableaux » (menu Accueil/Mettre sous forme de tableaux) permet de gérer et d'analyser des données connexes.

Un tableau dispose au moins des éléments suivants :
- une ligne d'en-tête qui permet le **filtrage** ou le **tri** de chaque colonne ;
- des lignes identifiées par des trames différentes pour mieux repérer les données.

Une formule implantée dans un tableau s'applique à toute la colonne concernée. Une ligne « total » peut être ajoutée ; elle dispose de diverses fonctions. Le tableau peut ensuite être personnalisé, il peut évoluer.

▸ Exemple

Un tableau peut être utilisé pour analyser les articles vendus dans le cadre d'un inventaire :

D5 fx =RECHERCHE(C5;C$1:F$1;C$2:F$2)

	A	B	C	D	E	F
1	FAMILLE		A	B	C	D
2	COEFF. MULT.		1.3	1.5	1.8	2
4	ARTICLE	Numéro	Famille	Coeff. mult.	Prix d'achat	Prix de vente
5	pierre	1	C	1.8	87	156.6
6	fleur	2	A	1.3	145	188.5
7	raton laveur	3	D	2	76	152
8	huitre	4	A	1.3	15	19.5
9	Total					516.6

2 Les tableaux croisés dynamiques (TCD)

Définition

Le **tableau croisé dynamique** (TCD) est un tableau de synthèse multicritères construit à partir d'un tableau de données (tableau-source).

Trois choix de « fonctionnalités » de tableau sont présents dans le menu Insertion.

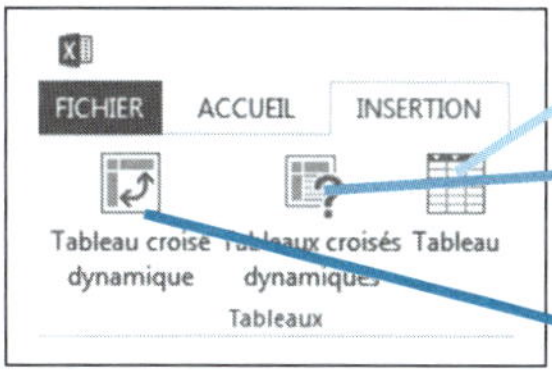

Tableaux présentés ci-avant.

Suggestions de tri de données et de synthèse, qui ne correspond que rarement à l'objectif visé par le TCD.

Ce menu permet de créer totalement librement un TCD, avec la forme, les critères et la structure des synthèses des données issues de vos choix.

Pour construire un TCD, il faut respecter trois grandes étapes :
- disposer d'une source de données et la sélectionner ;
- opter pour la fonctionnalité « tableau croisé dynamique » pour faire apparaître de nombreux croisements de critères dont le choix répond à des besoins de gestion ;
- choisir l'emplacement du TCD ce qui génère son affichage, il peut être sauvegardé et personnalisé.

▶ Exemple

Un tableau synthétise les données relatives aux salariés de l'entreprise Guirec. On place le nombre d'identifiants salariés dans la case ∑VALEURS avec une répartition en lignes selon le dernier diplôme obtenu et le type de contrat en colonnes. On ne garde que les diplômes non supérieurs (ainsi que les non-diplômés), le TCD suivant s'affiche :

Dernier diplôme	Types de contrats					
obtenu	APPRENTISSAGE	CDD	CDI	INTÉRIMAIRE	PROFESSIONNALISATION	Total général
BAC	2	1	38	1	7	49
BEP		7	191	18		216
CAP			4			4
(vide)	4	4	28	10	3	49
Total général	**6**	**12**	**261**	**29**	**10**	**318**

Une fois le TCD établi, il peut évoluer en fonction des **données sources**, soit manuellement, soit de façon automatisée.

3 Les graphiques

Les tableurs disposent d'outils graphiques (menu Insertion) qui permettent de créer un **graphique** adapté aux besoins de communication ou d'analyse. Les graphiques peuvent évoluer et être personnalisés en fonction des nouveaux besoins de gestion, les outils offrant de nombreuses possibilités.

Les données sources pertinentes doivent être sélectionnées, organisées au préalable, afin d'opter pour le type le plus adapté (courbes, secteurs, histogrammes…), chacun disposant de plusieurs variantes.

Le graphique, quel que soit son choix d'emplacement (feuille active ou autre), reste lié aux données sources et évolue donc en fonction de celles-ci.

Il est également possible d'opter pour des graphiques croisés dynamiques qui complètent les TCD quand ils ne peuvent servir de supports de communication.

LE + DE L'EXPERT

Les différents outils d'Excel proposent de nombreuses fonctionnalités qui permettent d'adapter les productions de tableaux et de graphiques au contexte de gestion. L'aide en ligne des tableurs est, à cet effet, très bien documentée.

35 Les macros et la programmation : structures simples et alternatives

Mots-clés

Constante • Instruction • Macro • Paramètre • Programme • Variable • VBA

1 Les macros

A. L'enregistreur de macros

Pour automatiser une tâche répétitive, mettre en place des mécanismes de contrôle et actualiser des données, il est possible d'enregistrer une macro-commande ou **macro.**

Définition

Une **macro** est une séquence d'actions automatisant une tâche dans le langage de programmation Visual Basic pour Applications (VBA).

L'enregistreur (onglet Développeur) mémorise toutes les actions effectuées par l'utilisateur jusqu'à l'arrêt de l'enregistrement. Une visualisation rapide dans l'éditeur permet de repérer les erreurs (manipulation malencontreuse…) et de les corriger, voire d'améliorer la macro.

La macro peut ensuite être exécutée, éventuellement à partir d'un objet associé ou de l'onglet Développeur, le cas échéant en mode pas à pas.

B. Le langage VBA, la programmation orientée Objet

La création de macro-commandes avec l'enregistreur présente des limites parmi lesquelles l'impossibilité de créer des fonctions personnalisées. Il peut donc s'avérer nécessaire d'écrire un programme dans un langage adapté au tableur.

Définitions

- Un **programme** est un ensemble d'opérations écrites par un informaticien dans un langage sous forme de code
- Le **VBA** (Visual Basic for Applications) est le langage développé pour les progiciels Microsoft. Il ne peut s'exécuter sans une application hôte (ex. : Excel, Access).

Tout tableur comprend des objets qui permettent de réaliser des modèles pour résoudre des problèmes de gestion comme le classeur, la feuille, la colonne, la ligne, la plage. Un programme manipule ces objets à travers une suite d'instruction. On y accède à partir de l'onglet Développeur.

Un programme est structuré et la manipulation du langage peut s'avérer complexe. Un travail préalable de réflexion préside qui conduit à l'écriture d'un algorithme.

2 Les variables et constantes en VBA

Définitions

- Une **variable** est la représentation symbolique d'une donnée. Sa valeur peut changer au fur et à mesure de l'exécution du programme.
- Une **constante** (ou paramètre) est une grandeur qui ne change pas de valeur tout au long du déroulement de l'algorithme.

Un programme en VBA a un nom. Il commence, en principe (excepté pour une fonction), par le mot-clé « Sub », suivi du nom du programme et de « () » et se termine par « End Sub ».

▶ Exemple

(Général) | TTC

```
Sub TTC() 'permet de calculer un prix TTC à partir du HT

End Sub
```

Les variables sont, en principe, déclarées en début de programme selon le format suivant :

Déclaration de variable

Dim	L'instruction qui débute par Dim permet de déclarer la variable
Nom_ variable	Ce nom sans espaces est celui qui a été retenu pour la variable, il doit être explicite
As	Ce terme va permettre de définir le type de la variable
Type	Numérique, texte, date

La constante est définie comme une variable mais avec le mot clé « Const » et, de préférence, l'indication du type.

▶ Exemple

```
Const TXTVA As Single = 0.2 'taux de TVA
```

3 Les familles d'instructions

A. Les instructions de base

Les instructions d'entrée

L'**instruction** mobilisant la fonction « Inputbox » permet d'affecter une valeur à une variable. Sa syntaxe est la suivante :

```
Nom_Variable=Inputbox (« message personnalisé pour guider
l'utilisateur »)
```

Lors de l'exécution du programme, une boîte de dialogue apparaît ; elle indique à l'utilisateur l'action à effectuer.

Les méthodes « Cells » et « Range » permettent également l'affectation de valeurs d'entrée en se référant au contenu de cellules.

Les instructions de calcul

Le résultat d'un calcul est affecté à une variable et peut mobiliser divers opérateurs mathématiques.

▶ **Exemple**

HT = TTC/ (1 + TXTVA)

HT et TTC sont des variables préalablement définies, TXTVA est un paramètre également défini et affecté d'une valeur. ◀

Pour faire référence au contenu d'une cellule dans une formule de calcul, on peut également utiliser les méthodes « Cells » ou « Range ».

Les instructions de sortie

Pour afficher un résultat dans une cellule, on peut utiliser les méthodes « Cells » et « Range ».

▶ **Exemple**

Range("B2") = TTC

La cellule B2 reçoit alors la valeur de la variable TTC calculée par le programme. ◀

Très utile en VBA, l'instruction MsgBox permet la sortie (affichage) des résultats d'un programme en rédigeant simplement :

```
MsgBox(« Texte explicatif » & Nom_Variable & « Texte explicatif »)
```

Elle permet également d'afficher une information utile pour l'utilisateur ou de poser une question à valider par un bouton VBA.

B. Les structures alternatives simples ou imbriquées

La structure alternative simple

Elle permet des actions sous conditions (SI… ALORS… SINON… FINSI), elle s'écrit comme suit :

```
If… Then… Else… End If
If <condition> Then
<instruction>
Else <instruction>
End If
```

▶ Exemple

L'entreprise HUET accorde une ristourne (RIST) de 6 % aux clients dont le chiffre d'affaires annuel (CA) est supérieur à 10 000 €. Elle se limite à 3 % dans les autres cas.

```
CA = InputBox("Donner le montant du CA")
If CA > 10000 Then
RIST = CA*0,06
Else RIST = CA*0,03
End If
MsgBox ("le montant de la ristourne est de " & RIST & " € ")
```
◀

La condition contient, le plus souvent, des opérateurs de comparaison (<, >, < =, > =, =, < >).

Plusieurs conditions peuvent se combiner à l'aide des opérateurs logiques « Or » et « And ».

La structure alternative imbriquée

Des structures alternatives peuvent être imbriquées selon le principe suivant :

```
If… Then… ElseIf… Else… End If
If <condition> Then
<instruction>
ElseIf <condition> Then
<instruction>
…
Else <instruction>
End If
```

▶ Exemple

L'entreprise HUET accorde dorénavant une ristourne de 8 % au-delà de 15 000 €, elle se limite à 5 % entre 10 000 € (compris) et 15 000 €, les autres conditions restent inchangées.

```
CA = InputBox("Donner le montant du CA")
If CA > 15000 Then
RIST = CA*0,08
ElseIf CA >= 10000 Then
RIST = CA*0,05
Else RIST = CA*0,03
End If
MsgBox ("la ristourne est de " & RIST & " € ")
```
◀

LE ✚ DE L'EXPERT

La structure de choix (Select Case) permet, quand le nombre de « SI » imbriqués est excessif, d'effectuer des actions différentes suivant les valeurs (cas) de la variable.

36 La programmation : structures itératives et fonctions

Mots-clés

Boucle • Fonction • Procédure • Structure itérative

1 Les structures itératives

Définition

La **structure itérative** ou **boucle** répète l'exécution d'un traitement.

A. Le nombre de répétitions est connu (For... To... Step... Next)

La boucle s'exécute en fonction de la valeur d'une variable (compteur) qui est incrémentée d'un certain pas à chaque boucle. Elle s'achève quand la variable atteint une valeur déterminée et s'exprime ainsi :

```
For <Valeur depart compteur> To <Valeur fin> Step <n : valeur
incrément>
<Instructions>
Next
```

▸ Exemple

Les 50 salariés de la société DELPHIN bénéficient d'une prime d'ancienneté complémentaire de 2 % (TXANC) de leur salaire brut au-delà de cinq ans de présence (ANC). Ils sont au nombre de 50 numérotés de 1 à 50 (NUMSAL).

```
For Numsal = 1 To 50 Step 1
ANC = InputBox("Quelle est l'ancienneté en années ?")
If ANC > 5 Then
TXANC = 0,02
End If
MsgBox ("le montant du taux d'ancienneté est de " & TXANC & " €")
Next ◂
```

B. Le nombre de répétitions est inconnu (While... Wend)

Exécute une série d'instruction tant qu'une condition est vérifiée :

```
While <condition>
<instructions>
Wend
```

▶ Exemple

Dans l'entreprise Georgia, le nombre de salariés n'est pas fixe, il évolue dans le temps. Une question sera posée pour savoir si l'on désire un autre calcul :
NUMSAL = InputBox("donner le numéro du salarié ou non pour quitter :")
While NUMSAL <> "non"
<Reprise instructions ci-dessus
NUMSAL = InputBox("donner le numéro du salarié ou non pour quitter :")
Wend
À noter qu'une boucle Do While… Loop, qui répète une série d'instructions tant qu'une condition est remplie ou jusqu'à ce qu'elle le soit, aurait également pu être utilisée. ◀

2 Les fonctions et les procédures

Un programme (↪ fiche 35) peut faire référence à des procédures (ensemble d'instructions prédéfinies) ou à des fonctions (qui renvoient une valeur) désignées par un nom et traitant des variables.

A. Les fonctions

Définition

Une **fonction** est un programme qui exécute une suite d'instructions et renvoie une valeur.

Une fonction peut être :
- utilisée dans un autre programme ou mobilisée dans une feuille Excel ;
- prédéfinie ou personnalisée.

La fonction est un programme, elle a donc un nom, commence par « Function », et se termine par « End Function ». Elle peut recourir à tous les éléments de syntaxe précédents.

▶ Exemple

Excel ne propose pas de fonction permettant d'élever un nombre au carré, il est donc possible de créer cette fonction, nommée « carré », à l'aide de VBA.

```
(Général)                                   carré
Function carré(nombre)
     carré = nombre ^ 2 'La fonction "carré" élève le nombre au carré
End Function
```

Cette fonction peut maintenant être utilisée dans une feuille Excel ou mobilisée dans un programme VBA (↪ fiche 35). Elle comprend un argument qui n'est autre que la variable précisée entre parenthèses. ◀

B. Les procédures

Définition

Une **procédure** (Sub) est également un programme (suite d'instructions), exécuté par un utilisateur ou appelé dans une autre procédure mais ne renvoyant pas de valeur.

Pour lancer une procédure dans une autre procédure, il suffit d'entrer son nom.

▶ **Exemple**

Créons la procédure suivante :

(Général) | Bonjour

```
Public Sub Bonjour()
Dim Bonjour As String
Bonjour = "Bonjour, vous êtes contents de programmer en VBA ?"
Range("C2") = Bonjour
End Sub
```

La procédure peut désormais être appelée dans une autre procédure, comme un calcul de TVA. Le message est affiché en C2. ◀

LE + DE L'EXPERT

Il est parfois utile de rédiger une fonction VBA personnalisée plutôt qu'une formule Excel avec une imbrication de « SI » combinant de multiples conditions. Si les conditions évoluent, il est plus aisé de les modifier dans le programme, le risque d'erreur s'en trouvant minimisé.

37 La feuille de calcul : ergonomie, audit et sécurité

Mots-clés

Audit de formules • Confidentialité • Jeu d'essai • Règle de validation • Sécurité

1 L'ergonomie d'une feuille de calcul

A. Les formats de cellules

Excel offre de nombreuses possibilités pour adapter le format des cellules aux documents de gestion à produire en fonction du contexte.

Le menu Accueil regroupe l'essentiel des possibilités offertes (polices de caractère, alignement, nombre, bordure, style, cellules, protection et tris).

Excel offre également plusieurs possibilités de visualisation contenues dans le menu Affichage.

B. La validation des données

Il est possible d'ajouter des **règles de validation** des données pour une cellule ou une plage de cellules. Elles sont regroupées dans le menu Données/Validation des données.

Les nombreuses possibilités sont documentées dans les outils d'aide intégrés au tableur ou le support en ligne qui propose des exemples.

2 L'audit d'une feuille de calcul

Une formule retourne parfois une erreur inexpliquée, ce qui fausse le résultat. Des outils d'**audit de formules** permettent de rechercher et/ou de corriger les causes d'erreurs difficiles à expliquer soit lors de la saisie ou ultérieurement, soit à l'aide de l'audit de formules (menu Formules).

Cet audit permet d'afficher les formules, de visualiser les résultats, d'évaluer pas à pas les différents éléments de la formule, de résoudre les références circulaires, de tracer le suivi des relations entre les formules et les cellules…

La cohérence des données ou des formules peut également être contrôlée par des fonctions « SI » (↪ fiche 32), combinées à des fonctions d'information ou par le recours aux outils de validation des données.

Les options de fichier (Fichier/Options/Formules) permettent d'activer (ou de désactiver) certaines règles de vérification des erreurs.

3 Les outils de sécurité du tableur

A. La protection de la feuille

Pour préserver le contenu des cellules d'une opération malencontreuse (suppression d'éléments, modification de formules…) ou en contrôler l'utilisation, il est possible de la protéger.

Par défaut, Excel verrouille toutes les cellules (menu Accueil/Format de cellules, protection).

Pour maintenir l'accès à certaines cellules, il convient de modifier ce verrouillage avant d'activer la protection (menu Révision/Protéger la feuille), et de choisir un mot de passe.

Il est également possible de masquer une partie des contenus, avant d'activer la protection, pour préserver la **confidentialité** des données. Les zones de saisie doivent être déverrouillées.

B. La protection du classeur

Une protection peut également être activée dans la structure du classeur pour contrôler l'utilisation des feuilles de calcul par chaque utilisateur.

C. La protection des fichiers

Le fait d'utiliser un mot de passe ne garantit pas totalement la **sécurité** de vos données, ce mot de passe n'est pas forcément sécurisé. La protection d'une feuille en limite l'utilisation mais ne sécurise pas véritablement la feuille. Pour garantir la sécurité des données, il faut agir directement dans les fichiers, avec plusieurs possibilités (restriction de l'accès, de la modification, cryptage, signature numérique...).

4 Les règles générales de construction d'une feuille de calcul

La conception d'une feuille de calcul ou d'un classeur est un travail conséquent qui ne doit pas se limiter à une utilisation unique, sauf cas exceptionnel. Au contraire, la feuille de calcul doit être mobilisable à plusieurs reprises et adaptable.

Principales règles à respecter

Séparation des données et calculs	• Une formule ne comporte, sauf exception, aucune donnée mais des références à des cellules et plages de cellules. • Les données et calculs doivent être clairement identifiées puisqu'elles sont appelées à évoluer dans le temps.
Gestion des paramètres	• Les paramètres variables doivent être clairement identifiés, on ne doit pas implanter leur valeur dans une formule mais y faire référence. • Ils doivent être recensés par la documentation de la feuille pour éviter un oubli de mise à jour.
Utilisation de la feuille	• L'utilisateur de la feuille de calcul ou du classeur n'en est pas forcément le concepteur, elle doit donc être documentée pour en guider l'utilisation. • La feuille doit comporter une protection adaptée aux besoins.
Ergonomie	• La feuille est utilisée dans un cadre professionnel et doit donc avoir une mise en forme, une gestion des erreurs qui en facilite l'utilisation et permet la communication des résultats.

LE + DE L'EXPERT

Une fois la feuille de calcul élaborée, elle doit être testée à partir de données constituant un **jeu d'essai** et permettant de valider les formules implantées et ce, éventuellement, dans des cas extrêmes ou particuliers. Cette phase met en évidence les actions correctives nécessaires.

38 Les données assujetties à la réglementation

Mots-clés

Donnée à caractère personnel • Donnée sensible • DPD • Droit d'auteur • Licence • Logiciel • Registre des traitements • Responsable des traitements • RGPD

1 La gestion des données assujetties à réglementation

Les données de toute organisation font l'objet de collectes et traitements mais aussi d'opérations de diffusion et de conservation. La vigilance est de mise.

A. Les caractéristiques des données

Les données qui font l'objet d'attentions spécifiques sont notamment :

Données à caractère personnel (DCP)	Ce sont les informations propres à une personne physique identifiée ou identifiable par un nom, un identifiant en ligne ou des éléments de géolocalisation.
Données sensibles	Ce sont les données dont le traitement peut provoquer des risques importants pour les personnes concernées. Les articles 9 et 10 du règlement général sur la protection des données personnelles (RGPD) listent les données suivantes comme étant sensibles : • les données relatives à la santé, à la biométrie ; • les origines raciale ou ethnique ; • les données concernant la vie et l'orientation sexuelle ; • les condamnations pénales, infractions, etc.

B. Les traitements des DCP

Loi Informatique et Libertés modifiée, art. 2. Constitue un traitement de **données à caractère personnel** toute opération ou tout ensemble d'opérations portant sur de telles données, quel que soit le procédé utilisé, et notamment la collecte, l'enregistrement, l'organisation, la conservation, l'adaptation ou la modification, l'extraction, la consultation, l'utilisation, la communication par transmission, diffusion ou toute autre forme de mise à disposition, le rapprochement ou l'interconnexion, ainsi que le verrouillage, l'effacement ou la destruction.

Le principe repose sur l'interdiction des traitements desdites données. Cependant, il existe des exceptions :

- consentement explicite de la personne (carte de fidélité, achat en ligne, média) ;
- traitement d'un arrêt de travail ;
- menace de contamination transfrontalière, maladie contagieuse (santé publique) ;
- personne dans l'incapacité de donner son consentement (mise sous tutelle).

2 La mise en œuvre des textes réglementaires

Une fois les DCP identifiées, il faut mettre en œuvre les obligations réglementaires. Le responsable des traitements doit s'assurer du respect du RGPD.

A. Le RGPD

Le **RGPD** s'applique dans tous les pays de l'Union européenne depuis le 25 mai 2018.

- Il recense les conduites à tenir afin de protéger les personnes physiques à l'égard du traitement des données à caractère personnel – DCP (données portant sur des clients, prospects, salariés, visiteurs, etc.). et à la libre circulation de ces données au sein de l'UE.
- La réglementation s'applique à toute organisation qui traite des DCP.
- La responsabilité des organismes est renforcée. Ils doivent assurer une protection des données et être en mesure de la démontrer en documentant leur conformité.

B. Les obligations légales et réglementaires

Dans toute organisation manipulant des DCP, le **responsable des traitements** doit être clairement identifié.

Obligations légales et réglementaires du responsable des traitements

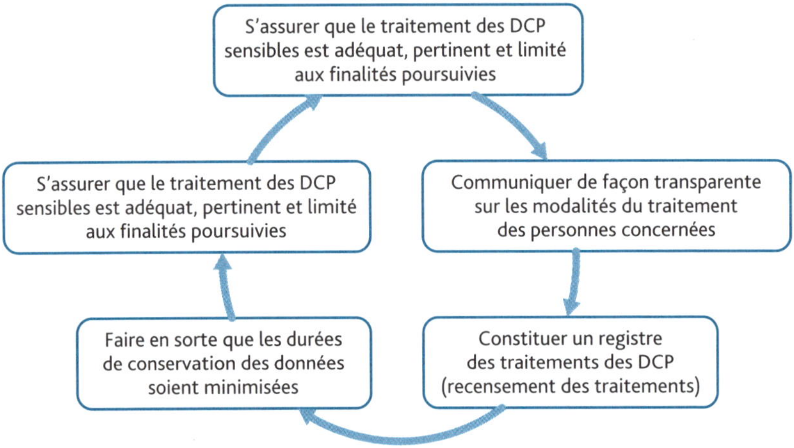

C. Le registre de traitement des DCP

Le responsable des traitements d'une entreprise, d'une association ou de toute autre organisation, se doit de satisfaire aux obligations inhérentes à l'utilisation de DCP :

- Le RGPD doit recenser tous les traitements de DCP qui s'exécutent, ce qui signifie pas un recensement des applications utilisées mais des traitements de données qui y sont effectués par leur intermédiaire (traitement de la paye).
- L'obligation de tenir un **registre des traitements** concerne toutes les organisations.
- L'information sur les conditions de collecte des DCP (finalités, durées, consentement) et les droits d'opposition, de consultation et de modification desdites données.
- Le format du registre est libre (papier ou électronique).

D. Le délégué à la protection des données (DPD)

Les missions du **DPD** (ou *Data Protection Officer*, DPO) sont définies par le RGPD.

Être en veille informationnelle	Accompagner la gestion des DCP	Piloter la mise en conformité
• S'informer des nouvelles réglementations • Se faire connaître par les personnes traitant les DCP	• Recenser les traitements • Prioriser les actions de mise en conformité à effectuer	• Réunir les personnes concernées • Se rapprocher des DPD du secteur

Il est obligatoire de désigner un DPO dans trois cas :

- organisme public ou autorité publique ;
- suivi à grande échelle de personnes (ex. : sites d'e-commerce) ;
- traitement de données sensibles (ex. : santé) à grande échelle.

E. Le rôle de la Cnil

La Cnil a une triple mission :

- informer les particuliers et professionnels de leurs droits et obligations ;
- accompagner et conseiller les responsables des traitements ;
- anticiper et assurer une veille des technologies de l'information ;

Toute violation accidentelle ou illicite des DCP doit être signalée à la Cnil dans les 72 heures ; les personnes concernées doivent être informées en cas de risque élevé.

Démarche de mise en conformité du RGPD

1. **Constituer le registre des traitements** : identifier les traitements de données, préciser leur durée, finalités et destinataires
2. **Trier les données** : vérifier qu'elles sont nécessaires, qu'aucune donnée sensible n'est traitée, que seuls les destinataires habilités ont accès aux traitements
3. **Respecter les droits des personnes** : les informer sur les finalités, les accès, les durées, les modalités de réclamation et d'opposition
4. **Sécuriser les données** : mise à jour des antivirus, gestion des mots de passe, effacement des données en temps voulu.

Le RGPD met en œuvre différentes sanctions selon le degré de gravité des infractions et/ou des négligences commises, du simple avertissement à l'amende en l'absence de réaction de l'organisation, en passant par la mise en demeure (RGPD, art. 83). Le montant dépend :

- du degré de négligence du responsable des traitements ;
- de la manière dont la Cnil a eu connaissance de la violation ;
- des avantages tirés de cette violation.

▸ **Exemple**

La Cnil, en conformité avec le RGPD, a prononcé le 18 juin 2019 une sanction de 20 000 € à l'encontre de la société Uniontrad Company, une TPE de neuf personnes, pour mise en place d'un dispositif de vidéosurveillance constante des salariés sans qu'aucune information satisfaisante ne leur ait été délivrée. ◂

3 Les catégories de licence de logiciels

Les **logiciels** sont une œuvre de l'esprit et entrent, à ce titre, dans le champ d'application de la propriété intellectuelle.

A. La protection des logiciels

Les logiciels relèvent du **droit d'auteur**. La copie illicite du logiciel s'apprécie en fonction des similitudes constatées entre l'original et la contrefaçon.

Droit d'auteur et protection

Droits associés aux logiciels	Dépôt d'un brevet
• Droits patrimoniaux associés aux logiciels : droits d'exploitation. • Ces droits appartiennent aux créateurs sauf s'il s'agit d'un cadre professionnel, auquel cas, les droits appartiennent à l'employeur	• La conception du logiciel n'est pas protégée, seules peuvent l'être l'architecture, la documentation, etc. • Le logiciel (et son nom ou marque) peut être brevetable s'il s'intègre à une invention technique.

B. Les licences d'utilisation

Différents types de logiciels coexistent en fonction des **licences** qui leur sont attachées.

Principales familles de logiciels

Commercial	*Shareware*	*Freeware*	*Open-source*
• Payant • Interdit de copier, modifier, diffuser	• Payant • Période de démo gratuite • Interdit de copier, modifier, diffuser	• Gratuit • Pas le droit de modifier	• Gratuit ou non • Code source fourni • Modifiable librement ainsi que la copie, l'utilisation et la diffusion

LE + DE L'EXPERT

Il ne faut pas confondre les données sensibles, à caractère personnel, et les données de l'entreprise dites « sensibles », comme les informations stratégiques ou les secrets industriels.

39 La sécurité du SI : principaux risques

Mots-clés

Audit sécuritaire • Mise en conformité sécuritaire • Risque

1 L'identification des risques et des menaces sécuritaires

Définition

Les **risques** sécuritaires désignent les possibilités qu'un événement considéré comme un inconvénient se réalise. Les sinistres peuvent déclencher des préjudices graves.

A. Les risques sécuritaires liés à une malveillance humaine

L'incapacité du SI à satisfaire les besoins et les critères de qualité requis (↳fiche 2) résulte de causes variées.

Principaux risques de défaillances d'origine humaine

Programme malveillant propagé *via* le réseau ou un courrier électronique	• Virus (s'exécute et/ou s'installe lorsque l'utilisateur réalise une action). • Ver ou *worm* (se réplique sur un réseau). • Cheval de Troie ou *trojan* (collecte et/ou altère des données). • Logiciel espion (*spyware*, exploitation de DCP à des fins commerciales). • Porte dérobée ou *backdoor* (contrôle à distance). • Enregistreur de frappe ou *keylogger* (enregistre les touches utilisées).
Fraude ou malveillance interne	• Agissements volontaires des salariés ou ex-salariés en vue d'en tirer un profit personnel ou de nuire à l'entreprise (programme malveillant, transmission ou falsification de données, détournement de fonds...). • 31 % des pannes sont d'origine interne (Clusif, 2018). • Ces actes sont souvent cachés pour ne pas effrayer les clients, déclencher un climat de suspicion interne, ternir la e-réputation.
Exploitation indésirable de la messagerie	• Pourriel ou spam (courrier électronique non sollicité). • Hameçonnage, fishing ou phishing (page d'écran factice). • Canular ou hoax (courrier électronique contenant des rumeurs ou informations fallacieuses).

B. Les risques sécuritaires d'origine matérielle

La sécurité peut être menacée par des problèmes affectant le matériel :

- sinistre sur les ordinateurs, serveurs, supports de sauvegarde (incendie) ;
- vol par une personne extérieure à l'entreprise ou un salarié ;
- panne (disques dur, routeurs, commutateurs, câblages) ;

– coupure d'alimentation électrique ;
– maladresse humaine (chute d'un ordinateur, d'un support de sauvegarde).

▸ **Exemple**

La société Mélina Au Chocolat est connue à Lyon pour ses compositions en chocolat aux formes et parfums innovants et réputées dans la région. Depuis six mois, elle a constaté des vols de recettes confidentielles transmises à la concurrence et la disparition, dans son local technique non protégé, de disques durs contenant l'historique de ses compositions phares. ◂

C. Les risques sécuritaires d'origine organisationnelle

Certains risques émanent de l'incompétence, de la négligence ou de l'ignorance des acteurs :
– non-respect de procédures (accès limité au local des serveurs), les mises à jour irrégulières ;
– méconnaissance de la loi sur le droit d'auteurs, le RGPD, la loi informatique et libertés ;
– lacunes dans le suivi du SI (audit irrégulier du SI, absence de mise à jour de la charte informatique) ;
– maladresses et incompétence dans la manipulation des logiciels, du PGI, etc ;
– insuffisance du budget consacré à la sécurité.

▸ **Exemple**

La société Gambas est spécialisée dans la réalisation et la distribution de plats cuisinés haut de gamme à base de crustacés. Les clients sont des particuliers et restaurateurs de la côte Atlantique. La société Gambas est domiciliée à Étel (Morbihan) depuis 23 ans et profite d'une bonne réputation au regard des avis des internautes sur les réseaux sociaux et de la croissance du CA et du portefeuille de clientèle. La société Gambas est composée de 96 salariés dans la production et 10 personnels dans les domaines administratif, informatique et financier. La croissance a été telle ces dernières années, que la priorité ne s'est pas portée sur le SI, pourtant essentiel dans les prises de commandes, la gestion des stocks, la logistique, les avis des internautes et les liens avec le système comptable et financier. Le dirigeant Olivier Rando vient de vivre ces derniers mois quelques alertes informatiques et a déclenché un audit du SI auprès de l'ESN OLG. Voici un extrait des résultats de l'audit :

	Constats
Procédures non appliquées	• Le local où sont entreposés les serveurs ne respecte pas les procédures de sécurité : le digicode est en panne de puis deux et non remplacé. • Seules les personnels informatiques devaient accéder à ce local technique pour des raisons sécuritaires. Or, faute de place, sont entreposées dans cet espace, les cartouches d'encre, les réserves de papier… N'importe qui peut pénétrer dans le local contrairement aux procédures. • Les mises à jour des logiciels sont effectuées sans planification, en fonction de la disponibilité des informaticiens malgré la mise à jour régulière des applications (notamment sécuritaires) prévue. • La communication sur les procédures est déficiente.

	Constats
Maladresses et incompétence	• La société Gambas a embauché des étudiants en alternance avec un *turnover* certain, notamment parmi le personnel administratif. Les formations ont été repoussées et on constate de nombreuses erreurs dans l'utilisation des applications. Des données disparaissent, des fonctionnalités applicatives sont mal utilisées par les personnels non formés. • Le PGI n'est pas bien exploité (liens avec les bases de données...). • Le plan de formation est mal organisé, les besoins et demandes des salariés ne sont pas satisfaits.
Insuffisance du budget	• Le budget SI de la société Gambas n'a pas évolué depuis trois ans. La croissance des activités nécessite de repenser totalement le SI et la localisation des ressources applicatives et matérielles. • Le recours aux ESN devrait être programmé afin de maintenir le cœur de métier et de leur réserver les missions d'infogérance. • Les réseaux sociaux sont sous exploités, les avis des internautes sont peu pris en compte pour adapter les produits aux attentes des clients. • Les discussions relatives à la fixation du budget SI ne sont pas programmées régulièrement.
Méconnaissance du RGPD	• Les données des salariés et des clients sont mal gérées. Les nouvelles obligations issues du RGPD ne sont pas prises en compte et la mise en conformité du registre des traitements n'a pas été déclenchée. • Aucune réunion n'a été organisée afin d'exposer aux salariés et au dirigeant les nouvelles obligations et l'actualisation de la gestion des données à caractère personnel.

2 La gestion des incidents sécuritaires

Une fois les risques potentiels mis en évidence, il faut en déterminer les conséquences potentielles sur l'organisation et prioriser les actions à mener (↳ fiche 40).

A. Les conséquences de la réalisation des risques

La concrétisation des risques s'étend de la simple perte de temps à l'interruption du service, engendrant des coûts spécifiques à toutes les étapes.

B. La hiérarchisation des risques

Une fois les risques identifiés, l'entreprise doit les hiérarchiser afin de tenir des délais de résolution adaptés à leur degré d'urgence :

- Un **audit sécuritaire** du SI de l'entreprise permet de recenser les risques et d'estimer leur gravité ou leur acceptabilité.
- Plus le niveau de vulnérabilité est élevé, plus il y a urgence à déclencher une **mise en conformité sécuritaire**.

Panorama des risques et coûts associés

LE + DE L'EXPERT

Les utilisateurs doivent être sensibilisés aux risques qu'ils font courir quotidiennement à leur organisation par leur négligence ou le non-respect de procédures sécuritaires. Les chartes de bonne conduite doivent être largement partagées et régulièrement mises à jour.

40 La sécurité du SI : mesures et procédures à activer

Mots-clés

Mesure de protection • Procédure de sécurité • Pare-feu • Plan de sauvegarde des données

1 Les mesures de protection à mettre en œuvre

Définitions

- Les **mesures de protection** désignent les moyens à mettre en œuvre pour prévenir les risques. Ce sont les actions entreprises par les acteurs du SI pour maintenir celui-ci dans un état de fonctionnement performant.
- Ces **procédures de sécurité** à mettre en place font suite au diagnostic préalable et complet des risques (↳ fiche 32) auxquels le SI est exposé et à leur classement par ordre de priorité.

A. Les risques matériels

Les éléments matériels du SI doivent faire l'objet de mesures spécifiques.

Bonnes pratiques en matière de sécurité informatique

Sécuriser les locaux techniques abritant le SI et ses composantes (badges, caméras de surveillance, digicode, résistance au feu, à l'eau, mesure de la température, de l'humidité…)	• Réaliser un inventaire périodique des matériels : âge, caractéristiques, localisations, état. • Cet inventaire doit être suivi et réajusté dans le temps en fonction des mises au rebut et des acquisitions.
• Sauvegarder et archiver les données et les logiciels dans un lieu autre que celui qui héberge les ordinateurs, externaliser les sauvegardes. • Des prestataires ESN sont à mobiliser.	Bloquer les accès à certains périphériques externes (lecteurs CD, USB) afin d'éviter des sources d'introduction physique de programmes malveillants.
• Installer un onduleur pour protéger les matériels des coupures de courant. • L'onduleur permet de limiter les dégâts face à une interruption intenpestive du courant électrique.	• Prévoir des **serveurs redondants** ou partenaires pour basculer l'exploitation en cas de panne du ou des serveurs principaux. • Des prestataires ESN sont à mobiliser.

B. Les risques liés aux logiciels et aux données

Voici une liste de consignes à suivre pour se prémunir contre les risques liés aux logiciels et/ou aux données :

- Installer une suite logicielle sécuritaire à jour (logiciel antivirus, anti-spyware, pare-feu) sur le réseau local.

Définition

Un **pare-feu** ou *firewall* est un dispositif capable de filtrer les échanges d'information entre deux réseaux, notamment entre un réseau local et l'extérieur, afin de bloquer les communications indésirables.

- Établir une DMZ (zone démilitarisée) afin qu'une partie du réseau local (le site Web) soit protégée par un pare-feu et des outils sécuritaires supplémentaires.
- Identifier le degré de sensibilité des données et les sécuriser en conséquence.
- Retreindre les droits administrateur sur les postes nomades.
- Chiffrer les disques durs et les données lors des transmissions internet.
- Installer un *Virtual Private Network* (VPN) ou réseau étendu, lorsque plusieurs établissements géographiquement distants doivent communiquer de façon sécurisée.
- Acquérir des serveurs de secours ou réaliser des sauvegardes en ligne (ou ESN).
- Sauvegarder régulièrement les données et établir un **plan de sauvegarde des données**. La duplication des données est essentielle, un sinistre rendant leur récupération impossible. Plusieurs modalités de duplication des données existent :
  - la sauvegarde complète. La totalité des données est copiée à chaque sauvegarde ;
  - la sauvegarde différentielle. La totalité des modifications effectuées depuis la dernière sauvegarde complète est sauvegardée ;
  - la sauvegarde incrémentielle. Il s'agit de la sauvegarde des modifications effectuées depuis la dernière sauvegarde différentielle ou complète, une sauvegarde complète étant opérée périodiquement.

C. Les risques organisationnels

D. Les risques humains

Le SI est parfois exposé à des risques dont la raison est d'origine humaine et qu'il faut néanmoins essayer de prévenir par des actions diverses :

- Sensibilisation du personnel vis-à-vis des risques informatiques. Une communication auprès du personnel est nécessaire pour que chacun se sente responsabilisé face aux risques et adopte une attitude sécuritaire (vigilance sur les données, respect des consignes).
- Rédaction d'une charte informatique (↪ fiche 41) ou règlement intérieur précisant les règles de sécurité interne.
- Préconisation d'une fermeture de session automatique au-delà d'un certain délai d'inutilisation (*lock* de session).
- Vérification de la conformité entre les pratiques liées aux données et la législation (loi Informatique et Libertés, RGPD).
- Mise en place pour les utilisateurs du SI de plans de formation aux univers numériques (logiciels, procédures sécuritaires).

▶ **Exemple**

La société Mélina's Pool conçoit et fabrique des piscines gonflables, bouées et jeux aquatiques. La société Mélina's Pool est en pleine croissance depuis deux ans c'est-à-dire depuis qu'elle a décidé de réaliser des produits inspirés d'œuvres cinématographiques à la mode. Soixante-neuf salariés y travaillent tant dans la production que dans l'administratif. Tout le chiffre d'affaires émane du site Web de l'entreprise. Quelques frayeurs récentes sur le SI ont conduit la dirigeante, Mélina Cèze à demander un diagnostic complet effectué par l'ESN CLG. Au regard de celui-ci, les mesures de protection suivantes ont été mises en place :

– le local technique installé au sous-sol va être doté d'une porte sécurisée (incendie, vol, inondation) avec digicode et caméra de surveillance ;
– une DMZ sera déployée autour du serveur Web qui abrite le site marchand ;
– un plan de sauvegarde des données est réactualisé avec une sauvegarde complète tous les samedis à 4 heures du matin et une sauvegarde incrémentielle tous les jours à 2 heures du matin ;
– les données seront dupliquées de façon synchronisée et sauvegardées en ligne chez un prestataire ESN ;
– deux réunions par an seront programmées avec tous les salariés pour les sensibiliser aux risques, transmettre les conduites à tenir sur le SI et collecter les attentes des utilisateurs. ◀

2 L'application des procédures de sécurité

Définition

Une **procédure de sécurité** recouvre l'ensemble des règles et démarches qui doivent être respectées afin de s'assurer que le niveau de sécurité attendu se concrétise.

Les procédures de sécurité doivent être anticipées pour connaître les conduites à tenir en cas de sinistre sur le SI.

A. Les démarches sécuritaires

Le SI doit faire l'objet de démarches sécuritaires afin d'adapter les procédures :

- Audit régulier du SI à réaliser par les équipes internes ou par une ESN indépendante et spécialiste. Cet audit doit couvrir tous les domaines du SI susceptible de courir un risque. Les vulnérabilités doivent être décelées pour accentuer leur prévention ;
- Établissement et mise à jour régulière de plans de sécurité. Face à la survenance du risque, les procédures à appliquer doivent être régulièrement revues et réajustées. Une logique d'amélioration continue de ces procédures doit être suivie ;
- Communication des procédures à appliquer auprès des salariés et des acteurs du SI.

B. Les dispositifs sécuritaires

L'identification de procédures de sécurité à appliquer en cas de sinistre sur le SI doit permettre de prévoir toute situation et de réagir en conséquence. Face au risque de survenance d'un sinistre majeur sur le SI, il faut prévoir les mesures adéquates pour rendre le SI opérationnel.

Procédures de sécurité à appliquer

Plan de restauration des données (PRD)	Plan de reprise d'activité (PRA)	Plan de continuité d'activité (PCA)
• Rédiger un plan de restauration : diagnostiquer les données perdues et organiser l'utilisation des sauvegardes pour remettre les données sur le SI sinistré. • Réaliser régulièrement des tests de restauration pour en vérifier l'opérationnalité et proposer des ajustements.	• Formaliser une procédure à appliquer après un incident sur le SI pour la reprise de l'activité. • Ordre des opérations pour redémarrer le SI une fois la restauration des données installée. • Il faut organiser le redémarrage du SI après sinistre. • Réaliser des tests réguliers pour vérifier la faisabilité des étapes du PRA.	• Procédures permettant de poursuivre les activités sur le SI sans interruption même en cas d'incident. • Le basculement sur des serveurs redondants, sur les sauvegardes en ligne, sur des matériels de secours, etc. doit être planifié pour pouvoir être appliqué et assurer la continuité de l'activité du SI.

Une procédure de sécurité doit présenter les qualités suivantes : être exacte, être complète, être compatible avec les autres procédures, être claire et accessible pour les utilisateurs et en permettre le suivi et le réajustement dans un souci d'amélioration continue.

LE + DE L'EXPERT

Actualisez régulièrement les procédures de sécurité et mobilisez des ESN spécialisées en sécurité des systèmes d'information.

41 La fiabilité des procédures et la gestion des risques

Mots-clés

Fiabilité • Point d'accès • Test

1 La fiabilité des procédures

Définition

La **fiabilité** du SI est son aptitude à être utilisé sans défaillances pendant une période donnée.

La fiabilité du SI conditionne le bon fonctionnement de toutes les organisations. Les problématiques sécuritaires sont prégnantes en raison de la multiplication des **points d'accès**.

A. Les critères de sécurité à tester

Pour s'assurer de la fiabilité des procédures, des tests doivent être déclenchés afin de vérifier que les comportements attendus du SI sont garantis.

Critères de fiabilité

Confidentialité	Donnée accessible uniquement à ceux auxquels l'accès est autorisé.
Disponibilité	État de fonctionnement du SI, accessible en continu.
Imputabilité	Identification de l'auteur d'une donnée.
Traçabilité	Identification de l'origine d'une donnée.
Intégrité/inaltérabilité	Données conservées dans leur état (contenu) originel.
Non-répudiation	Absence de remise en cause de l'auteur d'une donnée.

B. Les missions à planifier par le responsable de la sécurité

Le responsable de la sécurité du SI s'assure que le SI est fiable et qu'il répond aux besoins de l'entreprise.

Rôle du responsable de la sécurité du SI

Veille technologique et réglementaire	**Audit** régulier de la sécurité et alerte des dirigeants	Proposition de **solutions**, notamment concernant l'architecture du SI et l'organisation des locaux
Sensibilisation de l'ensemble du personnel à la sécurité du système d'information	Garantie de la **bonne installation** des logiciels antivirus, des pare-feu et autres dispositifs de sécurisation	Définition du **plan de sauvegarde des données**, du plan de restauration et du plan de reprise d'activité

C. Les tests sécuritaires du SI

Le SI, une fois diagnostiqué et organisé de façon sécuritaire, doit faire l'objet de **tests** réguliers pour s'assurer de sa robustesse. Ces tests peuvent prendre diverses formes :

- la mise en situation réelle des plans de sauvegarde et restauration des données,
- la vérification de l'opérabilité du plan de continuité d'activité,
- des tests éthiques (*hacker* éthique) de défaillance ou de cyberattaque pour tenter de s'introduire dans le SI et une évaluation des défauts sécuritaires afin d'améliorer le SI.

2 Le rôle du facteur humain dans la sécurité du SI

L'immense majorité des défaillances sécuritaires du SI provient du facteur humain, notamment d'origine interne.

Mesures et points de vigilance

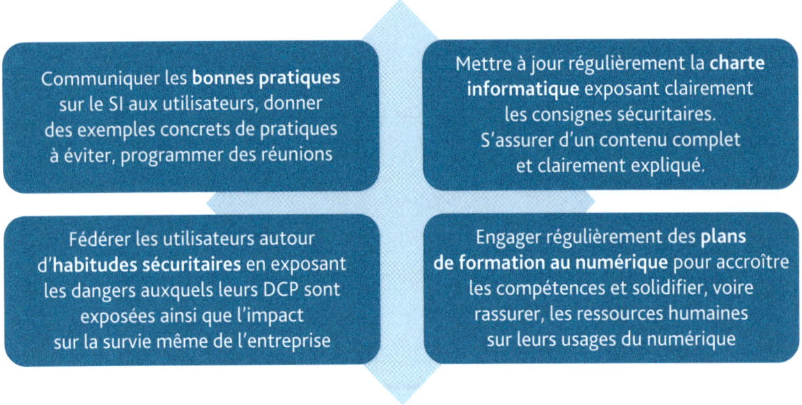

LE + DE L'EXPERT

Sachez divulguer les vulnérabilités du SI aux salariés pour fédérer les conduites sécuritaires.